研究汉代大儒的新视角

董仲舒自然观

王永祥◉著

海天出版社（中国·深圳）

图书在版编目（CIP）数据

研究汉代大儒的新视角 ：董仲舒自然观 / 王永祥著. — 深圳 ：
海天出版社，2014.2
（自然国学丛书）
ISBN 978-7-5507-0956-0

Ⅰ. ①研… Ⅱ. ①王… Ⅲ. ①董仲舒（前179～前104）—
自然哲学—哲学思想—思想评论 Ⅳ. ①B234.55②N02

中国版本图书馆CIP数据核字(2014)第017889号

研究汉代大儒的新视角——董仲舒自然观
Yanjiu Handai Daru De Xinshijiao Dongzhongshu ziranguan

出 品 人 陈新亮
出版策划 尹昌龙
丛书主编 孙关龙 宋正海 刘长林
责任编辑 秦 海
责任技编 蔡梅琴
封面设计 风生水起

出版发行 海天出版社
地 址 深圳市彩田南路海天大厦（518033）
网 址 www.htph.com.cn
订购电话 0755—83460293(批发) 83460397(邮购)
设计制作 深圳市同舟设计制作有限公司 Tel：0755—83618288
印 刷 深圳市新联美术印刷有限公司
版 次 2014年3月第1版
印 次 2014年3月第1次
开 本 787mm×1092mm 1/16
印 张 8.75
字 数 104千
定 价 26元

总序

21世纪初，国内外出现了新一轮传统文化热。人们以从未有过的热情对待中国传统文化，出现了前所未有的国学热。世界各国也以从未有过的热情学习和研究中国传统文化，联合国设立孔子奖，各国雨后春笋般地设立孔子学院或大学中文系。显然，人们开始用新的眼光重新审视中国传统文化，认识到中国传统文化是中华民族之根，是中华民族振兴、腾飞的基础。面对近几百年以来没有过的文化热，这就要求我们加强对传统文化的研究，并从新的高度挖掘和认识中国传统文化。我们这套《自然国学》丛书就是在这样的背景下应运而生的。

自然国学是我们在国家社会科学基金项目“中国传统文化在当代科技前沿探索中如何发挥重要作用的理论研究”中提出的新的研究方向。在我们组织的、坚持20余年约1000次的“天地生人学术讲座”中，有大量涉及这一课题的报告和讨论。自然国学是指国学中的科学技术及其自然观、科学观、技术观，是国学的重要组成部分。长久以来由于缺乏系统研究，以至社会上不知道国学中有自然国学这一回事；不少学者甚至提出“中国古代没有科学”的论断，认为中国人自古以来缺乏创新精神。然而，事实完全不是这样的：中国古代不但有科学，而且曾经长时期地居于世界前列，至少有甲骨文记载的商周以来至17世纪上半叶的中国古代科学技术一直居于世界前列；在公元3～15世纪，中国科学技术则是独步世界，占据世界领先地位达千余年；中国古人富有创新精神，据统计，在公元前6世纪至公元1500年的2000多年中，中国的技术、工艺发明成果约占全世界的54%；现存的古代科学技术知识文献数量，也超过世界上任何一个国家。因此，自然国学研究应是21世纪中国传统文化一个重要的新的研究方向。对它的深入研究，不仅能从新的角度、新的高度认识和弘扬中国传统文化，使中国传统文化获得新的生命力，而且能从新的角度、新的高度认识和弘扬中国传统科学技术，有助于当前的科技创新，有助于走富有中国特色的科学技术现代化之路。

本套丛书是中国第一套自然国学研究丛书。其任务是：开辟自然国学研究方向；以全新角度挖掘和弘扬中国传统文化，使中国传统文化获得新的生命力；以全新角度介绍和挖掘中国古代科学技术知识，为当代科技创新和科学技术现代化提供一系列新的思维、新的“基因”。它是“一套普及型的学术研究专著”，要求“把物化在中国传统科技中的中国传统文化挖掘出来，把散落在中国传统文化中的中国传统科技整理出来”。这套丛书的特点：一是“新”，即“观念新、角度新、内容新”，要求每本书有所创新，能成一家之言；二是学术性与普及性相结合，既强调每本书“是各位专家长期学术研究的成果”，学术上要富有个性，又强调语言上要简明、生动，使普通读者爱读；三是“科技味”与“文化味”相结合，强调“紧紧围绕中国传统科技与中国传统文化交互相融”这个纲要进行写作，要求科技器物类选题着重从中国传统文化的角度进行解读，观念理论类选题注重从中国传统科技的角度进行释解。

由于是第一套自然国学丛书，加上我们学识不够，本套丛书肯定会存在这样或那样的不足，乃至出现这样或那样的差错。我们衷心地希望能听到批评、指教之声，形成争鸣、研讨之风。

《自然国学》丛书主编

2011年10月

目 录

前 言

董仲舒（公元前179～前104年）是我国古代著名的思想家。虽然不能说他是一位专门的自然科学家，但是他的有关天、元气、阴阳、五行的学说，无疑也是属于古代自然科学范畴的学问，而且对古代科学的发展有着极为重要的价值，并产生了深刻的影响。但是，在“文革”前和“文革”时，由于“左”的思想占据着统治地位，董仲舒一直被说成是一个如西方信仰上帝那样的“正宗神学”与“形而上学”的“反动思想家”；因而其整个思想体系，也一直被看作是与科学发展相对立的和反科学的，“排除了进行科学探索的必要性”，“一劳永逸地完成了自然科学的任何研究”[①]。故此，在以往中国科学史的著作中，除了对董仲舒进行批判之外，极少谈及他有什么科学思想，当然也就谈不上他对中国古代科学思想的贡献了。然而，这显然是一个极端错误的历史冤案。在今天看来，虽然他是一个“自然神论”者，而且其“天人感应”思想也有着神秘的成分，但在总体上应该肯定他是一位进步的思想家，其宇宙观也是“变而有常”的辩证论，因而绝不应忽视乃至否定其有关天、元气、阴阳、五行说在科学思想史上的地位、价值和影响，而应该给予充分地阐扬。故此，在长林兄要我撰写董仲舒的自然观及科学思想时，我便爽快地答应了下来。

①杜石然等著：《中国科学技术史稿》上册，科学出版社，1982，第220页。

不过，要实事求是地阐述好董仲舒有关自然与科学的思想，并非一件易事。这主要是以往的研究资料，除了批判内容之外，再无其他。我的这部拙作就是在这种情况下，靠着对其原著的揣摩撰写出来的，能否客观、公正地反映董仲舒自然观的原貌尚且不知，只能说我是尽力了，但结果如何要由读者来评定。对于本丛书编委会和主编给我阐述董仲舒自然科学思想的机会，我表示真诚的感激与谢意！

第一章

秦汉时期的自然科学及其社会、学术背景

董仲舒生活的时代，正处于中国古代社会发生剧变，学术演化屡经变迁，并在自然科学上产生巨大成就的时期。下面对这个时期自然科学及其社会、学术背景作一简略和必要的论述。

一、秦汉时期自然科学的社会背景

我国的社会，应该说从春秋时期便开始了从奴隶社会向封建社会的过渡，后历经战国，各大诸侯国便基本上实现了政权的转移，大封建主已成为各诸侯国的主宰，同时也开启了诸侯兼并与大国争霸的局面。最后秦始皇经过连年的征战，终于统一了中国，首次实现了封建社会的大一统局面。应该说这是由秦始皇所实现的千秋功业。不过，秦王朝的统治并未持久，在秦二世上台之后，便被暴风骤雨般的农民起义所推翻，从而开始了西汉王朝的统治。董仲舒也就生活于这个刚刚诞生的西汉封建王朝的前中期。

（一）秦汉的社会基本矛盾——农民与封建主的阶级矛盾

由于秦汉时期的这个社会背景，其所存在的社会矛盾，虽然总体上说农民与地主阶级的矛盾已成为社会的基本矛盾，但当时还存在着残余的奴隶与奴隶主及封建主的矛盾，特别是还有刘氏王朝内部的新兴地主阶级之间的矛盾。并且随着社会的发展与演变，中央王朝与地方割据势力的矛盾逐渐显露出来，而成为了社会的主要矛盾。下面我们就来对这一时期社会的基本矛盾作简略的分析。

进入秦汉的社会，虽然奴隶与奴隶主的矛盾已经成为该社会的一种次要的矛盾，但并非是可以忽视的社会矛盾，而是在秦汉社会大量存在的、尚需认真解决的现实的矛盾。从战国进入秦汉，奴隶主虽然已不再是国家政权的主宰，但社会上大量的奴隶制度依然现实地存在。此时的奴隶大体分为两类：官奴与私奴。官奴的来源主要是通过掠虏及吏民犯令没入而来，当然也有从私奴转来与官奴产子而来者。再则还有所谓“募民入奴”一说。其私奴的来源：一是人奴产子；二是从奴隶市场上掠买，或是因家贫抵债而来；三是由最高统治者赏赐而来，此即由官奴转变而来。

当然，奴隶制度的存在主要是与当时的生产领域还在大量使用奴隶相关。如在农业生产领域，除开佃作之外，还使用着相当多的奴隶，这是因为使用奴隶要比佃作便宜；另外，在手工业、采矿业和商贾业领域，以及在家务劳动中，比之在农业生产领域，有着更为大量使用奴隶的现象，这也是因为在这些领域使用奴隶更为便宜。所以，据《史记·货殖列传》载，蜀卓氏“即铁山鼓铸，运筹策，倾蜀、滇之民，富至僮千人”，又“杨可告缗遍天下……得民财物以亿计，奴婢以千万数”。正是因此，奴隶与奴隶主的矛盾也就成为西汉初期所存在的一个重要社会矛盾。

不过，此时奴隶与奴隶主的矛盾已与奴隶社会时的矛盾不同。这时的奴隶主大多已不是从前的奴隶主了，而是新兴的封建主。他们与奴隶的关系虽与以前的奴隶主与奴隶间的关系大体相同，但亦有不同点，那就是不能再像以前的奴隶主那样随意杀戮奴隶了。当然，由于奴隶仍然是他们的私有财产，所以在社会上仍然会有杀害奴隶的事发生。奴隶与奴隶主的矛盾仍然是秦汉社会存在的一个现实，但是，这个矛盾毕竟已不是奴隶制度初期和鼎盛时期的矛盾，与刚刚建立起来的封建社会的基本矛盾也不相同，而是过时的，并且随着时代的发展，整个奴隶制度必将会不断萎缩与减少，以至最后归于消失。在其整个消失的过程中，这个矛盾会逐渐与封建社会的基本矛盾——农民与封建地主阶级的矛盾汇合，乃至融合为一。

农民与封建主的矛盾应该说是秦汉时期社会所存在的基本矛盾，乃至可以说是贯穿整个封建社会的基本矛盾。此时，整个社会的生产方式已经发生了变化，剥削方式也随之发生了变化，已从奴隶制的生产与剥削方式，进化到了封建式的生产与剥削方式。因此，整个社会的基本矛盾也随之发生了变化，即由奴隶与奴隶主的矛盾，转变成了农民与地主阶级的矛盾。显然，这时的主要劳动力已不再是没有任何人身自由，主人可以随意支配乃至杀害的奴隶了，而是已经有了人身自由和可以支配自身的农奴了。因而，应该说这是社会的一大进步。

汉代的封建制度主要有两种剥削方式：一是领户制，亦即所谓封建领主制；二是豪族地主实行的租佃制。所谓领户制，乃是随着秦汉奖励耕战政策的实行而发展起来的一种生产制度。秦孝公(秦国君, 名渠梁, 公元前381～前338年；前361～前338年在位)任商鞅（约公元前390～前338年），废井田，开阡陌。最初是任其所耕，不限多少。后来孝公实行了初税亩，开始收租赋。在秦朝，由于常年征战，且“收泰半之赋”，故而激起了民变，最后导致了秦朝的灭亡。刘邦（汉高祖，公元前256～前195年；前202～前195年在位）吸取了亡秦的教训，“约法省禁，轻田赋，什伍而税一”[①]，后来到了文帝（刘恒，公元前202～前157年；前180～前157年在位）之时，又下诏“赐民十二年租税之半”，至景帝（刘启，公元前181～前141年；前157～前141年在位）则实行了三十而税一。这样便大大减轻了人民的负担。这就是秦、汉实行的领户制剥削方式。当然，在西汉，农民的负担与所受剥削远不止于此，而是还要缴纳徭役、口赋、算赋、更赋、户赋、献费等赋钱。至于豪族地主的租佃制，主要是这些豪族地主的土地，除少部分雇用少量的农奴或使用少量的奴隶耕作外，他们将大量的土地出租给无地或少地的农民，收取田租。这些佃农所受剥削，比之自耕农大得多。他们除了像自耕农那样缴田赋之外，还要缴纳什伍的地租。

上述的两种剥削方式，实际上也就是秦、汉农民与地主这一基本矛

①班固（东汉）著：《汉书·食货志》，江苏古籍出版社，2002，第177页。

盾下的生产关系的实质。正是由于秦朝大地主对广大农民过度盘剥，因而不断受到农民的反抗，并最终激起了陈胜、吴广的起义，从而导致了秦王朝的覆亡。这一矛盾作为封建社会的基本矛盾，随着形势的发展，因其尖锐化而成为社会的主要矛盾；但是，这一矛盾并非总是处于尖锐化的状态，因而并不总是表现为社会的主要矛盾。例如在西汉封建社会初年，这一矛盾显然就不是社会的主要矛盾。这是因为刘邦所率领的军队也是广大起义队伍的一支，所以他深深了解对农民的过度盘剥所造成的结果，故而在其取得政权的初期，他便采取了尽量减轻人民负担的政策。而与此同时，另外的一种矛盾有可能会凸显出来，成为社会的主要矛盾，这就是下面我们所要谈到的封建地主阶级内部的矛盾。也就是董仲舒之所以在政治、经济上提出其改革主张的一个重要历史背景。

（二）西汉的社会主要矛盾——封建主阶级内部中央王朝与地方割据势力的矛盾

在西汉的前中期，除了上述两种对立阶级间的矛盾之外，在新兴的封建地主阶级内部，也存在着各种非常激烈而尖锐的矛盾。首先是富商大贾与封建政府之间的矛盾；其次是豪强宗族地主与封建官僚地主之间的矛盾；最后是地方割据势力与中央集权政府之间的矛盾。不过，这三种矛盾集中起来，其实质也就是以封建皇帝为代表的中央集权政府为一方，与富商大贾、宗族地主及地方割据势力为另一方的矛盾。封建剥削阶级内部的这一矛盾，其实质也是坚持中央集权的地域化的地主封建制，与坚持带有奴隶制残余的血缘宗族分封制的矛盾。而且，这一剥削阶级内部的矛盾，就其激烈程度而言，在当时已远远超出了相敌对的被剥削阶级与剥削阶级之间在一般情况下的矛盾程度，而成为了当时社会的主要矛盾。此时，封建剥削阶级内部的这一矛盾，显然已经危及了以皇帝为代表的封建政权存在的地步，以致必须通过最激烈的斗争方式——战争，来解决这一矛盾。董仲舒也就生活在这一主要矛盾激化的西汉前中期。

下面就来谈谈这一主要矛盾双方斗争的具体情况。

首先，围绕土地兼并和使用奴隶的斗争。自汉朝建立到文帝之时，战争刚刚结束，刘邦实行了轻租薄赋的政策，故而人民生活安定，兼并之风尚未形成；孝文亦"务劝农桑，帅以节俭，民始充实"，故亦未形成兼并之害。而后经过孝景，至孝武（汉武帝刘彻，公元前186～前87年；前140～前87年在位）之时，情况便发生了变化，出现了"兼并豪党之徒，武断于乡曲"的局面，以致武帝中朝不得不采取"限民名田"的政策措施。正是由于土地兼并的风行，广大农民流于破产，或流离失所，逃亡山林，或成为豪门的农奴，以致沦为奴隶。这显然是不利于新兴的封建社会经济的发展与中央王朝巩固的。正是有鉴于此，早在汉初，皇帝刘邦便与一些有远见的大臣，除发布减轻农民租赋的诏书之外，还多次发布限田、限奴乃至解放奴隶的诏书。如汉高祖五年，诏曰："民以饥饿自卖为人奴婢者，皆免为庶人。"[①]汉文帝后四年亦云："五月，赦天下，免官奴婢为庶人。"[②]这些诏书无疑都是针对着残余奴隶制的，也是针对着大量兼并土地的豪强之徒的，因而是有利于缓和农民与地主以及奴隶与封建主的矛盾的，最终也是有利于巩固封建的经济基础及汉王朝的中央政权的。

其次，围绕盐铁专卖和铸钱的斗争。这显然都直接或间接地与工商业相关。早在商朝，我国的商业就已有了较大的发展，经过西周、东周，到春秋、战国便有了所谓"万乘之国，必有万金之贾；千乘之国，必有千金之贾"[③]的说法。当然，早在先秦时的法家，就提出了重农抑商的主张，视农为本，商为末。当然，一定的工商业的发展，对搞活农业经济也是有好处的；而在当时的生产力水平下，过大与过快地发展工商业，又不利于巩固以农业为主的封建王朝。这是因为商业的过大发展必然会破坏自然经济，而封建社会正是建立在以农业为主的自然经济基

①徐天麟（南宋）撰：《西汉会要》卷四十九。
②班固（东汉）著：《汉书·文帝纪》，江苏古籍出版社，2002，第36页。
③管仲 ：《管子·轻重甲》。

础之上的。因此，在汉高祖时代，只是在政治上抑商，而在官铸钱和盐铁专卖的经济政策上，相比秦朝则后退了一大步，采取了“令民铸钱”[①]和“弛山泽之禁”[②]的政策。这样，便把本来是王朝官府的专利让给了地方的王侯与商贾。而这就大大增长了地方王侯与商贾的经济实力，使之可以与中央王朝相抗衡，乃至以武力和战争相对抗。中央王朝正是在吸取了这些教训之后，才在经济上采取了抑商的政策。如在高祖时，把秦朝颁行的原本是半两一枚的钱，改铸为了三铢一枚的钱，而地方的奸商则又偷减为不足一铢一枚的钱。故而货币急剧贬值，以致米价高达十万钱。后来高祖发现了其弊端，曾下令禁止盗铸；吕后（名雉，字娥姁，公元前241～前180年，汉高祖皇后，故又称高后）亦曾几禁铸钱中的弊病，均无效果；直至文帝之时，干脆“除盗铸钱令，使民放铸”[③]，且改原规定巧伪者死罪为“黥”罪。这样那些地方王侯、豪强与富商就更是肆无忌惮地巧伪而铸了，以致使吴王刘濞（公元前215～前154年，西汉诸侯王）通过即山铸钱，而“富埒天子”。当时文帝还把蜀郡的一铜山赐给邓通铸钱，使邓亦“财过王者”。故而当时即有“吴邓钱布天下”[④]之说。当时在铁业与盐业上亦有类似的情况，在此就不予赘述了。正是由于封建中央王朝在盐铁及铸钱上的放纵政策，使得地方王侯、豪强宗族和富商大贾们极大地富足起来，以致造成了尾大不掉的局面，并最终酿成了七国之乱。后来在平定了七国之乱以后，到武帝时才采取了两项断然措施，使局面得以改观。这两项措施一是下决心取缔巧伪与盗铸钱币的问题。为此采纳了桑弘羊（公元前152～前80年，西汉政治家）的建议：钱重与币值一致；铸币权严格集中在中央之手；改进铸作技术，以防磨铜盗铸。由此杜绝了地方王侯与豪强及奸商盗铸钱币的问题。二是任用齐地的大盐商东郭咸阳和南阳的大铁商孔仅为大农丞，领盐铁事，实行盐铁专卖。由此结束了地方王侯和奸商投机取巧的局面。正是通过

---

①司马迁（汉）：《史记·平准书》，江苏古籍出版社，2002，第235页。
②司马迁（汉）：《史记·货殖列传》，江苏古籍出版社，2002，第986页。
③④班固（东汉）：《汉书·食货志》，江苏古籍出版社，2002，第185～186页。

这两项措施，最终沉重打击了地方王侯和各类富商大贾，而大大增加了中央的财政收入和经济实力，为最终解决这一矛盾创造了条件。

再次，围绕中央集权与地方割据的斗争。前两个方面应该说也都与此相关，而且最终也是为解决这一问题服务的。但这方面的斗争又有着自身的、与之更直接的内容。当然，此时围绕这一问题的斗争，与后来在中国封建社会类似的斗争又稍有不同。它实际上是秦灭六国之后，由废分封、建郡县所引发的地域化地主封建制与血缘宗族分封制之间矛盾的集中表现和斗争的焦点。它之所以成为主要矛盾和斗争焦点，其理由就在于：

（1）无论是围绕土地兼并所展开的斗争，还是围绕要不要实行官铸钱及在盐铁业上实行政府专卖的斗争，实质上都是以皇帝为代表的中央王朝，与地方王侯、豪强宗族及富商大贾为代表的地方割据势力之间的斗争。

（2）正是鉴于上一点，所以豪强宗族与富商大贾总是与地方势力相互勾结，并依附和支持地方割据势力，使这一斗争长期得不到解决，以致酿成中央王朝与地方割据势力之间的战争。

（3）除开以上两点，地方割据势力还是坚持血缘宗族分封制的主要支柱和堡垒。所谓血缘宗族分封制，最初是奴隶社会所实行的一种政经合一的统治形式和剥削方式。我国奴隶社会的经济基础是井田制。与之相应的政治形式，即是由天子实行血缘宗族分封制而形成的诸侯王国，而且其所实行的还是世袭制。在这些诸侯王国的领地，他们不但有自己的法律、行政机构、官吏和财经大权，而且还有自己的军队。故此，自秦朝废分封、建郡县之后，这些诸侯王国虽然都已成为大封建主，但上溯其源，他们乃是由西周分封的诸侯延续而来。我们在此所说的地域化的封建制，即是政治上实行中央集权的郡县制，经济上实行地主经济和奖励军功的食邑制。这种食邑制与分封制不同，他们虽然也从皇帝那里得到封地，但既不能拥有私兵，也不得私设刑法和擅发劳役，且亦非世袭的。故此，那些旧诸侯的残余势力也成为了推翻秦王朝的一支重要力量。但他们的目的显然与农民和代表着新兴地主阶级利益的起义军不同。就此而言，在推翻了秦王朝之后，刘邦与项羽之战，正是代表着新兴的地主阶级与残余的奴隶制之间的决战。这场斗争虽然是刘邦取得了胜利，但却并未结束，而是一直持续到董仲舒所生活的武帝时代。

在解决这一主要矛盾的过程中，刘邦曾错误地以为可以利用“同姓一家”的血缘关系，来消灭异姓王国，并封了一大批同姓藩王，令其与异姓藩王“犬牙相制”，以收“夹辅”之效。然而同姓绝非一定同心。历史已经证明，正是这些同姓藩王，“大者跨州兼郡，连城数十”[①]，从而形成了与中央王朝相抗衡的态势。在文帝之时，先有淮南、济北之反；到景帝时则发生了七国之乱；直至武帝之时，仍有闽越王攻南越王及淮南王、衡山王的谋反事。而中央王朝也只有通过用兵，才将这些同姓藩王的造反镇压下去。所以，直至武帝之时，在汉王朝长期存在的这一主要矛盾方得到最后解决。

二、秦汉时期的学术变迁

我国的社会，应该说从春秋时期便开始了从奴隶社会向封建社会的过渡。后历经战国，各大诸侯国便基本上实现了政权的转移，同时也开启了诸侯兼并与大国争霸的局面，最后由秦始皇经过连年的征战，终于统一了中国，首次出现了封建社会的大一统局面。应该说这是秦始皇所实现的千秋功业。不过，秦朝的统治并未持久，便被暴风骤雨般的农民起义所推翻，从而开启了西汉王朝的时代。此时，在总体上农民与地主阶级的矛盾已成为社会的基本矛盾，但中央王朝与地方割据势力的矛盾也逐渐显露出来，并成为了社会的主要矛盾。

---

①班固（东汉）：《汉书·诸侯王表》，江苏古籍出版社，2002，第97页。

随着社会矛盾的变化，学术的发展也几经变迁。这就是从秦朝的一尊法术，到汉初的崇尚黄老，而后至武帝时，则又通过董仲舒策对的建议，经武帝批准，开启了独尊儒术的历程。由此也导致了对“汤武革命”的认定。可以说《淮南子》和董仲舒在学术上的成就，就是在这种学术背景下得以阐述和建立起来的，并作出了居功至伟的贡献。

可见，学术的发展也是随着时代的演变而变化的。产生《淮南子》以及董仲舒生活的时代，应该说正处于中国古代社会发生剧变，学术演化屡经变迁，并在自然科学上产生巨大成就的时期。所以《淮南子》和董仲舒的自然观可以说就是此时产生的两个重要学术成果。

（一）从秦朝的一尊法术到汉初的尚黄老

春秋战国之时，群雄割据，谁能富国强兵，谁就可以称雄一时，乃至最终统一华夏。然而，如何才能富国强兵呢？这就是儒、法、道、墨、兵以及阴阳、名辩、纵横等诸子百家争鸣所要解决的核心议题。百家可以说各显其能，不过经过实践的检验，在当时唯有任用了法家商鞅的秦国获得了成功。如《通典》所云，秦孝公任商鞅，“数年之间，国富兵强”。后来，秦始皇又任用了具有法家思想的李斯（公元前？～前203年，秦代政治家），最后终于并吞了六国，一统了江山。为此法家思想在秦朝得到了尊崇。后来秦始皇又进一步企图将法家思想运用于社会生活的各个方面。如在政治上，实行废分封、建郡县；在经济和文化上，则实行车同轨、衡同制、书同文。可以毫不夸张地说，这些无疑都是秦始皇在中国历史上创造的伟大功绩，同时也是法家思想在中国历史上的伟大功绩。

秦始皇依靠法家思想完成了统一中国的大业，并在许多方面也实现了统一，这无疑都是法家思想的胜利。然而，秦始皇任用法家所取得的这些胜利，应该说是适应了当时社会发展需要的结果，并不能说明法家思想是万能的。法家在诸子百家之中，仍然只是其中的一家之言。其所以未能实现意识形态方面的统一，就正表明其自身所具有的局限性。

例如，在统一之后，秦始皇依然推行李斯的主张，制定了名目繁多的刑法与律令，执行亦极其严苛，一户犯罪，比邻连坐；一人犯罪，祸及三族；偶语《诗》《书》者弃市，赴役延期者斩首，等等。所谓“焚书”“坑儒”，就是推行严刑峻法下发生的惨剧。事实上正是这些残酷的刑法，激起了陈胜、吴广的起义，并最终导致了秦朝的覆亡。由此表明，仅把当时的法家思想视为进步的学说，显然是不正确的；特别是把法家与其他学派对立起来，则更为错误。

西汉王朝正是在秦末农民大起义中兴起的新王朝。故而西汉王朝统治者深深吸取了秦朝覆灭的教训，改变了秦朝一尊法术的指导思想，转而尊崇黄老。不过有的学者虽然承认在指导思想上的这一变化，但却认为，黄老思想的“实质”仍然是严酷的“法治”，或者认为黄老“本身就是一种法家思想”，甚至说：“‘汉承秦制’，不只是指具体的政治经济制度、社会结构、施政大纲，也包括秦代奉行的法家指导思想。”[①]此外还有一种说法也很普遍，即认为汉初所实行的实际上是“内刑名，外黄老”。

对此，我以为有以下两点值得研究：

第一，如果把黄老思想“本身”说成“法家思想”，这实际上也就把黄老学派完全归于了法家，而这样一来再称其为黄老学派，还有什么实际意义呢？实际上，黄老与法家作为两个学派，是各有其自身本质规定的，因而两者之间也应是有着本质区别的。法家的本质就在于实行法治；而黄老的本质则在于法自然，尚无为。所以法家就是法家，黄老就是黄老，不能将二者混为一谈。当然，在先秦末期，通过百家争鸣，各学派之间也相互吸收，已不是那么“纯粹”了；但是，各学派的本质和主流依然未变，各学派之间的区别仍然是明显的。所以把黄老归于法家，显然是不妥当的。

第二，这又如何理解“汉承秦制”呢？我以为，这既不能从一切照

①金春峰：《汉代思想史》，中国社会科学出版社，1987，第53页。

搬秦制的意义上来理解，也不能从指导思想或整体上来理解，而只能是在承继秦朝的某些具体政治、经济、法律制度的意义上来理解。否则，如果说一切照搬秦制或从整体及指导思想上照搬秦制，那就与秦朝没有了区别，也谈不上吸取秦亡的教训了。然而汉朝非常注重吸取秦亡的教训。例如，就在西汉刚刚取得政权不久，刘邦即诏令陆贾为其“著秦所以失天下、吾所以得之者何[①]”？仅此问题的提出，就足以表明，刘邦绝不可能再沿袭秦朝一尊法家的指导思想和路数。不过，初期在政治上也曾承继了秦朝的郡县制，经济上的奖励军功和领户制，在法律上萧何（公元前？～前193年，汉初大臣）亦“攈摭秦法，取其宜于时者，作律九章”[②]。由此显然不能说明汉初承继了秦朝一尊法学的指导思想。这是因为刘邦虽然不喜儒，但也并不表明他喜法。他所信任的大臣张良（公元前？～前186年，汉初大臣）、萧何、曹参（公元前？～前190年，汉初大臣）、陈平（公元前？～前178年，汉初阳武、今河南原阳人）等人，都是崇尚黄老者。从用人上也就表明了刘邦的崇尚黄老。后来孝惠（即惠帝刘盈，公元前194～前188年在位）、高后之时，他们所任用的大臣依然是高祖的旧臣。由此表明其崇尚的也是黄老。又据《史记·外戚世家》言：“窦太后好黄帝、老子言，帝及太子、诸窦不得不读黄帝、老子，尊其术。”这表明文、景二帝亦奉黄老。其次，从西汉前期实行的大政方针来看，汉高祖初入关即“约法三章”，这显然是约束其部将，以保护老百姓的。其后又减少租赋，允许饥民就食蜀汉，这些显然也与秦朝的高压政策不同。此后孝惠、高后之时，“萧、曹为相，填以无为”；孝文即位，亦“躬修玄然”，“化行天下”[③]。再后孝景之时，亦多次下诏，谳狱疑，对高年老病者，“当鞠系者颂系之”。这些显然都表明，西汉前期，其统治者所奉行的绝不是法家的指导思想，而是不折不扣的黄老思想。

①司马迁（汉）：《史记·郦生陆贾列传》，江苏古籍出版社，2002，第747页。
②③班固（东汉）：《汉书·刑法志》，江苏古籍出版社，2002，第167页。

西汉统治者何以要尊奉黄老呢？首先，从形势来看，自战国末，秦为了统一中国，连年征战；统一之后，又加之横征暴敛，滥发徭役，人民仍然处于水深火热之中；此后楚汉相争，战乱不止，人民流离失所。故而西汉建立之后，人心厌乱，希望安宁，故此黄老所主张的无为，正是当时民心所向。其次，经秦始皇的焚、坑之后，正如司马谈（公元前？～前110年，西汉思想家）所言，“夫阴阳、儒、墨、名、法、道德，此务为治者也”，然“道家使人精神专一，动合无形，赡是万物，其为术也，因阴阳之大顺，宗儒、墨之善，撮名、法之要，与时迁移，应物变化，立俗施事，无所不宜，指要而易操，事少而功多”，所以最适宜当时形势的需要。正是据此，当时的统治者选择了黄老作指导思想。这个选择，如果说初始还不很自觉，那么到后来就完全变成自觉的了。如曹参相齐之时，“闻胶西有盖公，善治黄老言，使人厚币请之。即见盖公，盖公为言，治道贵清静而民自定，推此类而具言之。参于是避正堂，舍盖公焉。其治要用黄老术。”[①]此后曹参为汉相，至文、景二帝及窦太后均以黄老术治世，大见成效。

（二）《淮南子》道、气的辩证宇宙论

《淮南子》是由刘安召集的一些天下文士所撰写的一部集体论著。它的成书年代及面世，可以说与董仲舒几乎同时，或略早于董仲舒；它的思想无疑对董仲舒有着重大影响，而且可与董仲舒的思想相媲美。二者可以说是同一历史时期在思想史上所绽放的两朵永不凋谢的鲜艳之花，而且对后世都产生了极为重大而深远的影响。

《淮南子》的思想是多方面的，从哲学史的角度来看，它无疑继承了《老子》关于道、气的思想，并在此基础上论述了道、气为基础的、朴素而辩证的宇宙同一性。这种思想对董仲舒及其辩证法思想，无疑有着深刻的影响。为此，我们要略为展开，作一简略的介绍。

---

①司马迁（汉）：《史记·曹相国世家》，江苏古籍出版社，2002，第463页。

《淮南子》继承了《老子》关于道的无形而实有的原始物质形态思想。如："夫道者，覆天载地，廓四方，柝八极，高不可际，深不可测，包裹天地，禀受无形……舒之幎于六合，卷之不盈于一握。"这就是他在《原道训》中关于覆天载地、包容一切，而又无形无象的"道"的描述。这种"道"，实际上如其所云，乃是"若无而有，若亡而存"，而又"利贯金石，强济天下"，且"为万物之大祖"的东西。这也就是说，它是一种原始的物质。所以，《淮南子》又如《老子》那样，将"道"称为"一"："所谓无形者，一之谓也。"

而此"一"，则又如其所云："所谓一者，无匹合于天下者也，卓然独立，块然独处，上通九天，下贯九野，圆不中规，方不中矩，大浑而为一。"（《原道训》）这就是说，其所以为一，乃一是因其唯一，二是浑然如一。所以，这个"一"，乃是其内部包含着差异与对立的"一"，因而是其自身具有辩证性的"一"。

在《淮南子》看来，正是这种能包容一切且充塞于宇宙的、原始性的物质之道，产生了天下之万物。如其所说：

> 夫无形者，物之大祖也。（《原道训》）
>
> 道者，一立而万物生矣。是故一之理，施四海；一之解，际天地……万物之总，皆阅一孔，百事之根，皆出一门。（《原道训》）
>
> 山以之高，渊以之深，兽以之走，鸟以之飞，日月以之明，星历以之行，麟以之游，凤以之翔。（《原道训》）

正是由于有了道，所以才产生了万物，并使一切事物具有了自身特殊的性能。山凭道而高，渊因道而深，鸟因道而飞，日月因得道而明。总之，道乃是万物之祖，"万物弗得不生，百事不得不成"（《原道训》）。

不过，道生万物并非有意，而是纯属自然而成；而且，其化成万象，并不驾于万物之上，而是“固以自然”（《原道训》）。这样它就排除了唯心主义的有神论。那么，道又是如何化生出万物的呢？《淮南子》所描绘的这个过程，比《老子》或黄老学派前进了许多。如：“道始于虚霩，虚霩生宇宙，宇宙生元气，元气有涯垠，清阳者薄靡而为天，重浊者凝滞而为地。清妙之合专易，重浊之凝竭难，故天先成而地后定，天地之袭精为阴阳，阴阳之专精为四时，四时之散精为万物。”（《天文训》）这就是由道而生万物的整个过程。

对于这个过程，《淮南子》不仅排除了唯心主义的有神论，而且还尽可能地利用了当时的自然科学，把这个演化过程划分成了两个阶段：第一个阶段：原始的物质之“道”处于“冯冯翼翼，洞洞灟灟”状态，但它自身也经历了三个小阶段，这就是虚霩、宇宙、元气三个阶段；其后便进入了第二个阶段，即天地合精而形成阴阳，阴阳的精华再结集而成为四时，四时之精华再散而为万物，这里显然也经历了三个小阶段。对于这个过程，《天文训》将之概括为：道始于一，分而为阴阳，阴阳合和而万物生。《精神训》也对其作了一番描述，与《天文训》大体相同，在此我们就不予重述了。

另外，《淮南子》在《俶真训》中还借助于对“有始者”“有未始有有始者”以及“有未始有夫未始有有始者”的阐述，对于万物从萌芽上溯至天地刚开辟所历经的三个阶段，作了更为详细的说明：所谓“有始者”，即指万物已经萌芽而未形成物类的时候；“有未始有有始者”，是指万物萌芽之前的时候，天地、阴阳二气已经错合，接近于形成万物的萌芽，而又尚未形成萌芽之际；“有未始有夫未始有有始者”，则是指天地刚刚开辟，而天地、阴阳二气尚未接触之时的情景。其时是“虚无寂寞”，“大通冥冥”之状。由此，《淮南子》对于道经过天地开辟到万物萌芽的演变过程，作了更为详细的描述。

其后，四时、阴阳如何产生万物？《天文训》作了详细的说明，《精神训》则作了补充。综观《淮南子》关于原始物质性道演化的全过程，应该说大多出于猜测，而没有科学依据；但它把这个演变看作是一个由简单到复杂的自然历史过程，并排除了唯心论和有神论，这对于宇宙的物质同一性，无疑是一个很好的说明；而对于坚持道、气的唯物而辩证的一元论，其比之此前的各种解释无疑也是一大进步。如其在《本经训》中说："天地之合和阴阳之陶化万物，皆乘于气也。"《诠言训》又说："物物者"，产生万物之道，又"亡乎万物之中"；还说："终则反本未生之时，与化为一体，死之与生一体也。"这些无疑都是唯物辩证的阐述。

《淮南子》在辩证法上的另一重大贡献，就是提出了"转化"的观念。在此之前，《易经》《老子》《易传》《韩非子》等，都有"极而反"的思想，以至贾谊在《鹏鸟赋》中谈及事物的变化、流迁之时，还提出了"震荡相转"的观念。而《淮南子》在此基础之上更进了一步，提出了"转化"的观念，说："故得道者，志弱而事强，心虚而应当……是故贵者必以贱为号，而为者必以下为基，托小以包大，在中以制外，行柔而刚，用弱而强，转化推移，得一之道，而以少正多。"（《原道训》）另外在《原道训》中谈到"大道坦坦""往而复反"之时，它又以"万物纷糅，与之转化"，对其作了高度概括。这应该说是在中国哲学史上对"转化"概念的首次应用。应该说，这一概念的提出，对于事物及概念之间由此达彼的关系，作了更为深刻的揭示。这在辩证法史上，无疑也是对辩证法自身的极大推动。

《淮南子》上述有关道、元气及其辩证法的思想，对董仲舒的思想可以说有着极为深刻的影响。

（三）"独尊儒术"是汉代的历史选择

汉初崇尚黄老而且取得了社会成效，至武帝之时，又何以改换门庭，转而"独尊儒术"了呢？还是以前说过的那句话：这是汉代历史的选择。当然，这个历史的选择是双向的：一则，儒学自身有一个在用世过程中不断变化，以适应封建统治者需要的过程；再则，封建统治者也有一个根据需要，寻找和选择合适的意识形态的过程。当这个双向选择交会之时，于是便有了汉武帝肯定董仲舒提出的“独尊儒术”这个结果。

春秋战国时代，也是百家争鸣的时代，其中影响较大者，不外儒、法、道、墨和阴阳几家；而从秦到汉，则是由一尊法家，到崇尚黄老，儒家却受到了冷落。儒家从先秦以来可以说几经磨难，先厄于墨，次厄于法，再厄于黄老，其中还遇有秦朝的焚、坑之祸，儒家六艺几遭灭绝。然而祸福相转，越受磨难亦越强，从而最终走向了独尊。历史的辩证法就是如此。孔子（公元前551年～前479年）创立了儒学，从其开始便提出了“道之以德，齐之以礼”的以德化民的主张。但在当时诸侯割据的条件下，其主张当然难以实行，故而其游说列国，也只能落得个“累累若丧家之犬”的下场，以悲呼“吾道穷矣”而终。后来，孟子（名轲，字子舆，约公元前372～前289年）又提出了“民为贵，社稷次之，君为轻”的名言，以游说列国，同样不得用世。及至荀卿，吸收了道、墨、名、法中的诸多重要思想，在礼治中还补充以法治，变“法先王”为“法后王”，由此大大改变了儒学的性格；但他因依然坚持儒学“从道不从君”的主张，故而仍不见任用。秦朝统一后曾立博士官掌《诗》《书》，参与朝政，从而为儒学的用世展现了机缘。但是一方面，秦靠法起家，对儒本不信任；另一方面，儒士又不肯改变自己的性格，并且相反，以其通古今之能，非议朝政，从而引发了焚、坑的惨祸。如《汉书·楚元王传》所云：“燔《诗》《书》，杀儒士，设挟书之法，行是古之罪，道术由是而灭。”

在推翻秦王朝的过程中，农民起义也曾为儒术的用世提供了一定的机会。但是陈涉的战死又使这个机会落空。而刘邦又本不喜儒，且其所用大臣多为黄老学者，所以西汉初年儒者仍未被重用。只有到了武帝的时代，儒学才终于抓住机会，上升为封建社会的统治思想。当然，这期间儒学自身有一个自我改变的过程，而西汉的最高统治者也有一个对儒学的认识过程，也就是说二者之间有着一个相互适应的过程。

在这个过程中，最先改变儒学性格的是郦食其（公元前？～前203年）。郦食其一生为佐汉王大业，一改其只言仁义，不言功利的性格，积极筹措战胜之策，并周游齐地作说客；后来随何（汉初人）亦承此性格，并进而反转汉王的“腐儒”之称，被迫承认了儒士在其夺取政权中的重要作用。而被认为第二个改变了儒生性格的就是叔孙通（汉初薛县，今山东滕县人）。当汉王刘邦称帝之后，那些同他一起打天下的功臣，与其一起饮酒争功，不尊礼节，醉或妄呼，拔剑击柱[①]。高帝深以为患。于是叔孙通征诸鲁生及弟子“共起朝仪”，“自诸侯王以下震恐肃敬”，“群臣无敢灌哗失礼者”，使高帝深深感喟：“吾乃知皇帝之贵也！”[②]这样他就把法家“尊君卑臣”的思想植入了儒学之内。于是叔孙通被拜太常，又迁为太子太傅。与此同时，陆贾（汉初政论家，楚人）在高祖前也时称《诗》《书》，并被诏著秦所以失天下而汉得天下的缘由，凡十二篇，曰《新语》。贾谊（公元前200～前168年）也写了《过秦论》，归结起来亦谓其“仁义不施”。这一点对汉初实行休养生息政策，无疑产生了积极的作用。同时这对改变最高统治者对儒学的认识，及其对儒学的态度，无疑也产生了很好的效果。如刘邦说：“吾遭乱世，当秦禁学，自喜谓读书无益。洎践祚以来，时方醒，书乃使人知作者之意，追思昔所行，多不是。”[③]由此既体现了儒学在西汉王朝建功立业的过程中及初年也曾发挥过某些重要作用，同时它也在改变着刘邦对儒学的看法与态度。

儒学在西汉复兴的主要表现：一则是开始为上层统治者所接受。如高帝除以叔孙通为太子太傅之外，又拜陆贾为太中大夫；至文帝之时，又诏贾谊为博士，后又迁为太中大夫。由此，儒学更强化了其对西汉上层的影响。贾谊还提出了改正朔，易服色，定官名，兴礼乐的建议。因

①司马迁（汉）：《史记·刘敬叔孙通列传》，江苏古籍出版社，2002，第758页。

②班固（东汉）：《汉书·叔孙通传》，江苏古籍出版社，2002，第538页。

③严可均：《全上古三代秦汉三国六朝文》之《全汉文》卷一，中华书局，1958，第131页。

而文帝颇重用谊，并欲任以公卿，后因大臣“尽害之”而未成，改任为长沙王太傅。景帝虽不任儒者，但董仲舒正是此时晋为博士的。至武帝之时，则开始任用儒者赵绾、王臧，并诏贤良方正之士，从而儒学开始深入朝政。二则是开始在西汉社会得到广泛传播。如《史记·儒林列传》云：“自是之后，言《诗》于鲁则申培公，于齐辕固生，于燕则韩太傅；言《尚书》，自济南伏生；言《礼》，自鲁高堂生；言《易》，菑川田生；言《春秋》，于齐鲁有胡母生，于赵自董仲舒。”可见自汉以来，儒学已得到极大的恢复和广泛的传播。且自武帝之后，尊儒则是水到渠成的事了。

当然，一个政权代替另一个政权，往往需要经过残酷的斗争，甚至是战争；两种意识形态之间的转换，显然也不是在平静中实现的，往往伴随激烈的斗争，甚至流血事件。例如前面谈到的在秦朝出现的焚书坑儒事件，即是先例。汉朝从尚黄老到尊儒，虽然没有发生此类惨祸，但也付出了极高的代价。如齐人辕固生，就因为他说了一句黄老之书如“家人言耳”，便激怒了太后，令其入圈击彘，险遭杀身之祸。而此后于武帝即位不久所发生的一场儒道之争，则直接造成了御史大夫和郎中令的死亡。此时好儒的丞相魏其和太尉武安（武安侯田蚡，公元前？～前131年，长陵人），推举赵绾为御史大夫、王臧为郎中令，迎鲁申公欲立明堂，令列侯除关，以礼服制，隆推儒术，贬道家言，由此使好道家的窦太后（公元前？～前135年，西汉文帝皇后）不悦魏其等。及至建元二年，赵绾、王臧请无奏事东宫，致使窦太后大怒，于是罢逐赵、王，并免丞相、太尉，随即绾、臧“皆下狱自杀”①。由此可见儒道之争的激烈程度。

但不论如何，至武帝之时，道家已失去了在西汉建立之初时的地位，而尊儒已成必然之势。如在武帝刚刚即位的建元元年，丞相卫绾

①班固（东汉）：《汉书·武帝纪》，江苏古籍出版社，2002，第43页。

即说："所举贤良，或治申商韩非苏秦张仪之言，乱国政，请皆罢。"而武帝则以为"奏可"[①]，可见法家和纵横家均已失宠；而至窦太后驾崩，武帝又重新起用了好儒的武安侯田蚡为丞相，且"绌黄老刑名百家言，延文学儒者数百人，而公孙弘（公元前200～前121年）以《春秋》白衣为天子三公，封以平津侯，天下之学士靡然乡风矣[②]"。这就表明，随着窦太后的归天，黄老之术也就失去了其在西汉的统治地位。由此也可以看到，儒术之到武帝时受到尊崇，绝非某一人之力，而是儒者们不断奋斗，并在斗争中不断改变自身性格，与不断丰富自身理论内涵，增强其自身适应能力的结果。这就是说，首先是儒学自身受到了脱胎换骨的改造，使之成为了封建统治者得心应手的理论工具，它才最终能够成为封建社会的意识形态。这其中，自然包括董仲舒对它的改造，而且也是最为重要和最后一环的改造。这就是他所创造的新儒学体系。这个新儒学体系包括：以自然神论之天为最高范畴、以阴阳五行为构架、以 "变而有常"和"天人感应"为形式的宇宙论，发天意、辨物理的认识论，性待教而善的人性论，以"三纲""五常"为核心的伦理思想，继乱世必须"更化"的"三统""三道"的历史观，取法于天、以行仁政、德治为核心的王道论，以及"独尊儒术"的大一统论。

当然，此时之所以能够实现儒术独尊，也是历史的机缘。在西汉之初，新封外姓藩王与刘氏藩王同中央王朝的矛盾，经过文、景二帝的削藩，已获得部分解决，但尚未彻底解决；广大农民与封建地主的基本矛盾虽已开始显露，但又尚未激化；与此同时，同北方匈奴民族的矛盾已到了非解决不可的地步。这就是当时武帝所面临的矛盾。在这些矛盾面前，拥有雄才大略的武帝要干一番大事业，靠黄老的无为思想，显然不再能适应时代的要求了。这就需要有一种能够满足这一要求的新理论体系。新的理论体系应当既可以从宇宙观的高度来全面论证封建统治的合

①班固（东汉）：《汉书·武帝纪》，江苏古籍出版社，2002，第538页。
②司马迁（汉）《史记·儒林列传》，江苏古籍出版社，2002，第919页。

理性，同时又表明维护以皇帝为代表的中央集权的必要性与神圣性。而恰好此时，经过历代儒家改造、最后由董仲舒所创立的新儒学体系已经完成。所以，在董仲舒回答武帝的策问时，两者一拍即合。当时社会矛盾的演变与学术的变迁，就这样在汉朝前期的历史上发生了。而通过董仲舒策对提出的“独尊儒术”，也被武帝所批准，从而历代儒家所追求的“修身、齐家、治国、平天下”的夙愿，最终得以实现。这个结果无疑是汉朝前期的历史所作出的最终选择。

三、秦汉时期的宇宙论及自然科学

每个时代的哲学与理论的形态、体系，总是同当时的社会矛盾与自然科学发展水平密切相关的；同时，它又反过来深深地影响着社会矛盾与自然科学的发展。因此，在这里有必要对秦汉时期宇宙论与自然科学的发展状况，作一简略的叙述。同时，这对于阐明董仲舒的自然观无疑是极其重要和必需的。进入秦汉，可以说这是我国古代宇宙论与自然科学体系形成的时期，其标志就是当时有一系列的古代自然科学著作问世，并对后世发生着重大影响。其中在数学方面有《九章算术》，在医学方面有《黄帝内经》，在药学方面有《神农本草经》，在天文学方面有《灵宪》和《浑天仪图注》，另外还有各种宇宙论的学说。下面就秦汉时期的宇宙论、天文学及中医学分别作简略论述。

（一）宇宙论

无论在西方或东方的中国，人类最早思考的自然科学问题都是与宇宙论相关的问题，其中包括宇宙的本原、生成、结构与运动。而这些问题又大都与人们最初思考的哲学问题联系在一起，被称为自然哲学。此后，随着人们自然科学知识的进步，自然科学才从自然哲学中分立出来，成为各种独立的自然科学学科。而最早从中分立出来的，就是前面所说的结构和运动，这也就是“天文学”的内容；而本原、生成的问题，也就是宇宙发生论的问题，这在当时还仍然蕴涵于自然哲学之内。直到近现代，它才以科学假说的形式，成了真正自然科学的对象。所以，除开天文学分立出去另作论述之外，有关宇宙的本原与发生的问题，都将在这里予以论述。

关于宇宙的本原与生成，在原始时代，它们是与原始宗教结合在一起的；到了奴隶社会和向封建社会过渡的春秋时期，老子（春秋末期，道家的创始人）才建立了第一个以“道”为最高范畴的朴素唯物主义的哲学体系，并从哲学的角度深入探讨了宇宙发生论的问题。他认为，“天下之物生于有，有生于无”①。这个“无”显然不是绝对的虚无，而是“无状之状”“无物之象”“忽兮恍兮”的物质性“道”。后来稷下道家又在此基础上提出了一种“精气”说；庄子（约公元前369～286年）则进而提出了“通天下一气”②的观点；这个观点后来又被荀子（约前313～前238年）继承下来。这就是先秦朴素唯物主义的宇宙本原观。宇宙万物又是如何从这一本原发展而来的呢？老子讲得很简单，他说：“道生一，一生二，二生三，三生万物。”③至于道是如何生一、生二、生三和生万物的，老子则将其置于了“玄之又玄”的“众妙之门”。庄子则前进了一步，揭示了万物产生的机制。他把阴阳的对立统一视为万物的“本根”，及人生之“父母”。荀子则进而将这一顺序看作是从无生到有生，再到有知，而后到有义的过程。这无疑就表现出了一定的进化思想。而《易传》则完全按照阴阳对立统一的观点，揭示了宇宙万物的生成变化：“易有太极，是生两仪。两仪有四象，四象生八卦”；“八卦成列，象在其中矣”④；“有天地，然后万物生焉”；“有万物然后有男女，有男女然后有夫妇，有夫妇然后有父子，有父子然

①《帛书老子·德篇》。
②《庄子·知北游》。
③《帛书老子·德篇》。
④《易传·系辞下》。

后有君臣，有君臣然后有上下，有上下然后礼义有所措。”[①] 按照郑玄（东汉经学家，公元127～200年）的解释，这个“太极”，即是“惇和未分之气”。这样，在先秦便有了一个以气为本原的较完整的朴素的宇宙生成论。在今天看来，这个朴素的宇宙生成论，尽管还不算完善，而且也不能说是科学的，但在当时显然有着合理的成分。

当然，在宇宙发生论的问题上，还有一种所谓元气说与阴阳、五行说。而这些宇宙论的内容又都与董仲舒有关元气与阴阳、五行说的思想相关，故此我们要在论述董仲舒的有关思想时，再作详论。

（二）天文学

中国之所以成为东方天文学的发祥地，这同当时中国农业的发展，需要了解天体的运行及天体之间的结构，显然有着极为密切的关系。

关于天体的运行，主要是日、月、五星运动的历法和日食、月食的推算，以及其他星体的出没。在先秦，据《汉书》所载，黄帝（传说为中原各族的共同祖先）时，已有“黄帝五家历”；在颛顼帝（传说中古代的部族首领）时，则已有了司天官；而据《尚书》记载的传说，尧（传说中父系氏族社会后期部族联盟的首领，陶唐氏）、舜（传说中父系氏族社会后期部族联盟的首领，姚姓）、禹（传说中古代的部落联盟领袖，夏朝的始建者，姒姓）之时，即可以鸟、火、虚、昴来正仲春、仲夏、仲秋和仲冬了。至殷商之时，在甲骨文片的卜辞中，即已有了多种干支表；并且发现殷代的历法，有平年十二月、闰年十三月，大月三十日、小月二十九日的记载。而至周初，则可以预告一个月的初一了。由此表明，在推算日、月的运行上，中国关于天文学的知识，已达相当高的水平。而到春秋战国，可以说这是确立中国天文学独立体系的时期。如果说在春秋前期，频大月和闰月尚无规则可循，至春秋中期，便有了必须严格遵守的规则，并采用了19年7闰月法；而至战国的

①《易传·序卦》。

中叶，便确立了四分历，以365/4日为一年，以76年为安排频大月和置闰的共同周期。当时已有了天文学家甘德（楚人）和石申（魏人）的《天文星占》和天文八卷，并有了适用于观测天文的仪器——圭表、漏壶等。另外，在中国先秦的历史文献中，还有着人类最早的有关哈雷彗星的记录，特别是在中国古代的《星经》（公元前4世纪）中，关于恒星位置的资料（1464星），比之托勒密（公元90～168年，希腊天文学家）的《天文学大成》（公元2世纪）还多出了1/3。这就是秦汉前中国研究天体运行的水平。

汉代在天文观测、历法和仪象等方面，可以说是中国古代天文学获得长足进步的黄金时代。汉初刘邦基本上沿用了秦代使用的颛顼历法，后来在武帝时，才在颛顼历的基础上，制定了更为符合天象的太初历。这个历法实际上具备了后来历法的主要内容，如朔晦、闰法、五星、交食周期及二十四节气等。后来到西汉末年，刘歆（字子骏，西汉末年古文经学派的开创者）又编成了《三统历谱》，增补了日食、月食的周期和五星运行的内容。按照这时所制三统历的五星会合周期和公转周期，与精密值相较，有的完全一致，有的相差不到一日。

如以会合周期来说，最小的误差，辰星为0.03日，最大的误差是火星，也不过0.6日。可见当时历法的计算与测定，其精确性已是相当之高了。汉代天文之所以取得如此巨大的成就，这同当时制造和使用了先进的观测仪相关。如汉文帝后元三年（公元前161年）即立表定日影的长短；武帝时造太初历，落下闳（姓落下，名闳，字长公，西汉巴郡阆中人）又改进了浑仪，重新测量了二十八宿的距离；此后又经汉宣帝（公元前73～前49年在位）时耿寿昌（西汉理学家、历算家）、东汉和帝（公元89～105年在位）时的傅安，再到东汉的张衡（公元78～139年，东汉科学家），终于制成了水运浑象仪。这些观测仪的制成，又无疑与当时天文学理论的发展相一致。汉代及此前天文学的理论主要有三家：盖天说、浑天说、宣夜说。

盖天说。这是中国古代天文学中最古老的传统学说，最早出现于周代，代表作是《周髀算经》。在汉代之前为旧盖天说，主要观点是："天圆如张盖，地方如棋局。"[①]后来受到浑天说的挑战，开始修正自己的观点，提出了新说，其要点是："天象盖笠，地法覆盘。"[②]这两种观点分别体现于《周髀算经》的上、下卷。按照《周髀算经》的新盖天说："天地各中高外下"，即半圆形的天和拱形的地；天在冬、夏两季，以均匀的速度转动，天转如推磨而左行，日、月、星右行，且天转疾，而日、月、星迟，故日、月、星亦随天左行，故而其本在东行，而好像没入西方；此外，他们还以斜放的伞喻作天，这就包含了极轴的倾斜度。可见盖天说虽有错误，但却包含有合理成分。

宣夜说。此说可追溯至春秋战国，到东汉时为郄萌所系统总结。他认为："天了无质，仰而瞻之，高远无极。"[③]由此他批评了天为有形固体的观点，认为天所以"苍苍然"，乃是眼花的结果，日月星辰亦非有一根系缀附于天体，而是"自然浮生虚空之中，其行其止，皆需气焉"。这样他就描述了一幅日月星辰浮生于大气之中，并运行于无限空间的图景。这对于人们认识浩瀚的宇宙，显然有着极为重要的意义。

浑天说。据传尧帝时羲和（传说尧时掌天文历法之人）立浑仪。虽然作为传说，不足为据，但至少在战国之时已开始流行。如慎到所说："天体如弹丸，其势斜倚。"[④]此即后来浑天说的内容。不过，据杨雄（《汉书》作扬雄，段玉裁考作杨）的《法言》所说，作为浑天说的创始人应为落下闳；但作为该学说的最后完成人，乃是东汉的张衡。因为此浑天说的代表作，即为张衡的《浑天仪图注》和他的《灵宪》。这一学说的主要内容是："浑天如鸡子，天体圆如弹丸，地如蛋中黄，孤据于内；天大而地小，天表里有水；天之包地，犹壳之裹黄。天地各乘气而立，载水而浮。"[⑤]"天转如车毂之运也，周旋无端，其形浑浑，故

---

①②③房玄龄等（唐）撰：《晋书·天文志》。

④慎到：《慎子》。

⑤《浑天仪图注》。

曰浑天。”[①] 这种浑天说虽然也以地球为中心，但它把地球看作一个球体，则是对以往所谓“天圆地方”说的纠正。而且张衡在《灵宪》篇还说：“宇之表无极，宙之端无穷。”这就明白无误地表述了宇宙无限性的思想。张衡还正确地解释了月食的成因。张衡的浑天说对中国后来的天文学以及人们对宇宙的认识，无疑产生了重大影响。董仲舒生活于西汉的前中期，所以他未能看到最后完成时的浑天说，但他关于阴阳说的运行规律，受到了前中期这一学说的影响，这是无疑的。

总之，董仲舒生活于西汉的前中期，他的思想既影响着当时的天文学，同时他也受到当时已有天文学的影响。

（三）中医学

汉代是中国医学理论体系形成的时期，代表着当时中医理论的最高水平。《黄帝内经》（以下简称《内经》）成书于西汉，但却是包含了战国以来的许多医家的论著。它对董仲舒也产生了重大影响。《内经》一书包括《素问》《灵枢》两大部分，共计十八卷，六十二篇。它涉及人体解剖、生理、病理、病因、诊断、医疗，以及经络、针灸、卫生保健等多方面的医学知识。可以说它深刻总结了汉代以前（包括汉代）我国的医学知识和医疗经验，奠定了中医学的理论基础，堪称中医学理论的经典。下面对其理论体系、特点作一简略说明。

首先，《内经》贯彻了气一元论的宇宙本原观。这是《内经》理论体系的一个重要方面，也可以说是其理论体系的基础。它显然是继承了稷下道家以来的气一元论思想，把万事万物都归于气的聚散和气的运动变化。如《内经》说：

> 气始而生化，气散而有形，气布而蕃育，气终而象变，其致一也。[②]

①《浑天仪图注》。
②《素问·五常正大论》。

天地合气，别为九野，分为四时。月有大小，日有长短。万物并致，不可胜量。[1]

人以天地之气生，四时以法成。[2]

这就是说，世界的万事万物都是一元之气所致，包括日月之运行，四时之变化，物理之云雨，生物之变迁，乃至人之诞生，都是由一元之气所为。当然不止如此，它还明确地把一切致病的原因也都归于气，说："百病生于气也。"[3]包括梦，《内经》也从阴阳之气的盛衰来加以说明。这些解释并非都合乎科学，但却表明了其贯彻气一元论的彻底性。

其次，《内经》广泛地将阴阳、五行说运用于对人体及疾病的诊断与治疗。藏腑、经络是中医理论的重要组成部分，它以研究人体的五藏六腑、十二经脉和奇经八脉等生理功能、病理变化及其相互关系为主要内容。如《内经》云："夫四时阴阳者，万物之根本也。"[4]又说："阴阳者，天地之道，万物之纲纪，变化之父母，生杀之本始。"[5]这当然包括人在内。人身之内外、腹背、藏腑亦分之为阴阳；以至人身之经络，也分作三阴、三阳，即太阴、太阳，少阴、少阳，阴明、阳明。总之人必须保持其人体的阴阳平衡，才能维持人的长久健康；否则，阴阳乖戾与失衡，疾病就会降临："阴胜则阳病，阳胜则阴病。"[6]故此，《内经》提出："善诊者，通过察色按脉，先别阴阳。"[7]其治病，则谨察阴阳而调之，阳病治阴，阴病治阳，阴阳以平为期。同时，《内经》还以为，五脏及十二经脉具有五行的性质，因而也有着五行及其相生相克的制约关系。如说："经脉十二者，别为五行，分为四时。"又说："五行以东方甲乙木王春，春者苍色主肝。"[8]此外还有

---

①②《素问·宝命全形论》。
③《素问·举病论》。
④《素问·四气调神大论》。
⑤《素问·阴阳应象》。
⑥⑦《素问·阴阳应象大论》。
⑧《灵枢·阴阳系日月》。

肾水、心火、肺金、脾土之说。因此，《内经》又以五行的生克关系，作为诊治五脏疾病的方法，从而在医学上获得了巨大成就。这其中显然也有着其局限性，乃至非科学的方面。

再次，《内经》还以阴阳、五行的关系为基础，进而把人体的脏器及人身的肢体，视为一个互相联系的系统和有机的整体；而人体成为一个整体或系统，主要是通过通贯全身的经脉系统来实现的。故此，它还认为，人体的某个脏器或系统发生了病变，即会按照阴阳、五行的生克关系，影响到身体其他相关的脏器和系统，乃至影响到全身。针灸治病，也就是以经络系统而将全身视为一个有机整体，作为其理论基础的。

最后，《内经》还有一个明显的特点，就是把天与人相比附，看作是相似并互相联系的整体。包括以下几点：其一，宇宙化生了人。如《内经》说："天地合气，命之曰人"；"人以天地之气生，四时之法成。"① 其二，人的身体也是一个小宇宙。如《内经》说："天圆地方，人头圆足方以应之；天有日月，人有两目；地有九州，人有九窍……"② 又说："天有四时五行，以生、长、收、藏，以生寒、暑、燥、湿、风；人有五脏化五气，以生喜、怒、悲、忧、恐。"③ 还认为：天有四时，人有四肢；天有五行，人有五脏；天有十二月，人有十二经脉；天一年有三百六十日，人有三百六十骨节，等等。其三，正是以上述两点为基础，所以天、人之间亦有着相互感应的关系。这种感应表现在多方面，但最基本的就是：人生于天，必顺于天，不顺，"则无以为纲纪"。所以《素问·四气调神大论》云："四时阴阳从之则生，逆之则死。"因此，《内经》强调人必须"法则天地"，按照四时的阴阳变化养生；治病也要因时、因地、因人制宜。董仲舒的天人感应说，显然受到了当时中医学思想的重大影响。

---

①《素问·宝命全形论》。
②《灵枢·邪客》。
③《素问·阴阳应象大论》。

第二章

董仲舒的宇宙论与天道观

宇宙观是董仲舒新儒学及其科学思想的理论基础。以往人们都以“天不变，道亦不变”的“形而上学”，作为对其宇宙观的定论。董仲舒的宇宙观真是这样一种“形而上学”的宇宙观吗？我以为以往的这一定论是极其错误的，乃至可以说是一种不折不扣的曲解。实际上，董仲舒的宇宙观应该是“自然神论”和“变而有常”的辩证宇宙观（包括承认“汤武革命”的进化历史观）。可以说，董仲舒有关元气、阴阳、五行说的科学思想，能够对中国古代的科学发展产生重大影响，正是以宇宙观为重要和根本的理论基础。

一、以天为元本的宇宙论

董仲舒的宇宙观以何为本？这在以往的教科书中历来存在重大分歧：一为神本论，一为元气本论，还有一种以纯时间概念之元为本。这些观点虽然各有自己的根据，但却很难完全说服人。实际上既不应把董仲舒的宇宙论看作如西方中世纪信奉上帝那样的宗教神学，即神本论的宇宙论；也不应将其看作是以元气为本的朴素唯物主义的宇宙论；更不应将其看作是以纯时间概念之元为本的客观唯心主义的元一元论的宇宙论。确切地说，董仲舒是一个将自然之天封建人伦化和神圣化的自然神论者。故而其世界观，应是一个以天为元本的宇宙论者。

（一）董仲舒以天为元本的宇宙论

为了说明这个问题，这就涉及董仲舒的“元”与“天”两个概念的性质与涵义。下面就从“元”概念开始来探讨这一问题。

在这个问题上，于首奎（山东社科院研究员）先生在批评一些人把董仲舒的“元”释为“元气”的观点时曾指出：董仲舒的“元”“根本不是指作为宇宙本原的‘元气’，而是指事物的开始[1]”。这个说法应该说是正确的。如董仲舒在《春秋繁露·玉英》篇中就明确说：“谓一元者，大始也。”《王道》篇又说：“元者，始也。”这就明确地把“元”释为了“始”。而董仲舒之所以在此将其释作“始”，显然是有经典依据的。如《春秋公羊传》就说：“元年者何？君之始年也。”

但是问题并非如此简单。如果将“元”仅释为“始”，对董仲舒下面的一些话，就难于解释通了。

> 是以《春秋》变一谓之元，元犹原也，其义以随天地终始也……故元者为万物之本，而人之元在焉。安在乎？乃在乎天地之前。故人虽生天气及奉天气者，不得与天元本、天元命而共违其所为也。[2]

> 是故《春秋》之道，以元之深正天之端，以天之端正王之政，以王之政正诸侯之即位，以诸侯之即位正境内之治。

从上述两段话可以看到，其中之“元”，显然已不再是单纯的“始”意了，而是还具有了本、原之意。上面所云：“元犹原也”，“元者为万物之本”，显然就表明了此意。

然而，这是否意味着董仲舒的宇宙观就是以“元”为本的宇宙观呢？冯友兰(北京大学教授)先生在论到这个问题时，特别针对《重政》中的那段话说：“照这样解释，元不仅是事物的开始，而且是事物所据以开始的东西。”对于这种“据以开始的东西”，它显然并不是指的某种具体事物所据以开始的东西，而是哲学本体论所指宇宙万事万物的本原。对此，冯先生以为有两种可能的解释：一为“元气”，一为

---

①于首奎：《两汉哲学新探》，四川人民出版社，1988，第161页。
②本书所引用董仲舒文字均出自董仲舒的《春秋繁露》，后续引文不再出注。

“天”。当然，从现在理论界已有的观点来看，除了“元气”和“天”之外，还有一种可能，就是周桂钿(北京师范大学教授)的观点，即所谓纯时间概念。

在这个问题上，因为在后面论述董仲舒的科学思想时，还要详论董仲舒的元气说及所谓的“元”概念，因而也要涉及他的有关“元”的全部思想，故而在此我们只需指出，在董仲舒的那个时代，若将其所谓的“元”释为“纯时间概念”的本原之意，这显然是不可思议的，是将古代的思想近代化，因而也是难于说通的。至于有人将“元”释为“元气”，则显然与董仲舒的原话不符。董仲舒多次讲到“元”，却均未说到“元气”，而仅仅是一个“元”字。故而随意在其“元”字后面增一“气”字，这恐怕有随意篡改其文字与文意之嫌，故而也是不可取的，并且也是难以被人接受的。这样，董仲舒在这里的“元为万物之本”，就只能是从宇宙本原意上言“天”乃万物之本的意思了。

董仲舒是否认为天为万物之本呢？其实，就在《重政》的那段话中就已包含了这个意思。他所谓“天元本、天元命”，就正表明了其以天为本的宇宙观。

不过在讲到董仲舒以天为本的宇宙观时，还涉及他在《重政》那段话中所说的“故元者为万物之本，而人之元在焉”。另外，他在《立元神》中还说：“天、地、人万物之本，天生之，地养之，人成之……三者相为手足，合以成体，不可一无也。”这是否表明董仲舒的宇宙观不是一元，而是三元或多元的呢？若从其“天有十端”来看，似是如此，但从其归根结底的意义上说，却不能作出这样的解释。这是因为董仲舒虽然在这里讲了天、地、人为万物之本，但他还在另外一些地方排列出了作为万物之本的天、地、人的次序，天乃是其中最高、最终或最后的本原。

例如，他在《观德》中说：

天地者，万物之本也，先祖之所出也，广大无极，其德昭明，历年众多，永永无疆。天出至明，众知类也，其伏无不熠也。地出至晦，星日为明不敢暗，君臣、父子、夫妇之道取之，此大礼之终也。

在这里，董仲舒显然把天地与人分开，而将天地看作万物的共同之本以及人的祖先所出生之原，并且将天地的法则视之为君臣、父子、夫妇之道所取之为大礼的终极根据。

缘何如此？原来在董仲舒的眼里，天地之间的关系亦如君臣、父子之间的关系那样。他在《春秋繁露·五行对》中就以《孝经》中“孝”乃“天之经，地之义”来说明五行及天地之间的相生、相承的关系。所谓“天之经”，即“诸父所为，其子皆奉承而续行之”，亦即“父授之，子受之”；所谓“地之义”，即“下事上，如地事天”。风雨乃地所为，而地“不敢有其功名，必上之于天，命若从天命。勤劳在地，名一归于天”。故在《阳尊阴卑》中谈到君臣关系时他又说：

是故《春秋》君不名恶，臣不名善；善皆归于君，恶皆归于臣。臣之义，比于地。故为人臣者，视地之视天也。

是故，孝子之行，忠臣之义，皆法于地也。地事天也，犹下之事上也。

由此表明，天与地的关系，也是如同君臣、父子的关系那样，类比于上下、相生的关系。这实际上也就把天视为了最高和最后的本原。

对于这个最高和最后的本原，他还有一个说法，即称之为“祖”：

天者，群物之祖也。①

天者，万物之祖也。

为人者天也。人之为人本于天，天亦人之曾祖父也。

这里就明确提出了“人本于天”，天为“万物之祖”，“人之曾祖父”。这个所谓“祖”，无疑即是最早、最高、最古的根源之意，再

①班固（东汉）：《汉书·董仲舒传》，江苏古籍出版社，2002。

无比天更早、更高与更根本的本原了。这样，天为宇宙之元本或本原，就应是确定无疑和不成问题的了。至于他在《春秋繁露·重政》篇所说“元者为万物之本，而人之元在焉。安在乎？乃在乎天地之前”，显然不是从宇宙及万物的本原之义上来说的，而是说，在天地的养长之前，首先要有人的耕作与种植，否则也就谈不上其后的养长了。

从古代哲学的本体论看，以往的古代哲学家都是将宇宙万物的产生归之于一两种物质的或精神的东西。董仲舒在表面上也是如此，即将万物的本原归之于了“天”。但他所归之的“天”，似不是一个简单或单一的本原，而是一个包含了“十端”的“天”。这样作为“十端”的“天”，实际上就比古希腊的“四元素”[①]说和亚里士多德的“四因”[②]说更复杂得多，而且比古代印度“胜论”的“九因”[③]说，还要多一因。故此，若只就“天”有“十端”的构成来说，这与在本原上一般都追求单纯化的倾向确乎是个矛盾。但在董仲舒那里，似乎原本就是这样的一个矛盾的本原说。一方面他讲“天有十端”，这显然就是说这个本原原本就是一个复杂体；但是他又如前面所已指出过的，在天、地、人之间他又排出了次序，从而也就把那个十端之一的“天”看作了最后之“祖”。

当然，董仲舒作为万物之本的“天”，除天地人外还有七端。此“天”之十端是怎样的一种关系，其与万物的关系又如何？董仲舒说：

> 天有十端，十端而止已。天为一端，地为一端，阴为一端，阳为一端，火为一端，金为一端，木为一端，水为一端，土为一端，人为一端，凡十端而毕，天之数也。

---

①恩培多克勒提出的“四元素”说是火、水、土、气，见《古希腊罗马哲学》，商务印书馆，1961，第74页。

②亚里士多德的“四因”说是质料因、形式因、动力因、目的因，同上书，第253页。

③黄心川：《印度哲学史》，商务印书馆，1989，第345页：“实体类别为九，即地、水、风、火、空、时、空间、灵魂、心灵。”

> 天、地、阴、阳、木、火、土、金、水，九，与人而十者，天之数毕也……起于天，至于人而毕。毕之外谓之物。物者，投所贵之端，而不在其中。以此见人之超然万物之上，而最为天下贵也。人，下长万物，上参天地。

这就是董仲舒作为宇宙本原的“天”。此天有十端：天、地、阴、阳、木、火、土、金、水与人。董仲舒的作为宇宙本原之“天”的构成或结构就是如此。而且，此十端之天，起于天，而毕于人，毕之外才谓之物。而这就是他的整个宇宙图式。同时这也就是说，天自身并不包括其十端之外的万物。正是这个包含十端的本原之“天”，产生和造就了十端之外的宇宙万物。

当然，十端之天产生和创造宇宙万物，显然有一个过程。而且，就其作为宇宙本原的十端之天来说，其所包含的十端也不是无端地同时并存或呈现于世的，它同样也有一个合、分、判、列的形成过程。如董仲舒说：

> 天地之气，合而为一，分为阴阳，判为四时，列为五行。

在这里，董仲舒显然就把作为宇宙万物本原的十端之“天”，也视为了有着发展过程的东西，而不是从来即如此的原始存在物。这也就是说，所谓“天”与“地”，其最初也是以气的状态合之为一地存在，尔后才分之为阴阳二气，并判之为四时，再后才列之为五行。至于人何时产生？他在这里没有说，依其逻辑，则显然应是最后才生育和出现了人。故而人乃是董仲舒之“天”中的最后一端。随后这个十端之天才逐渐产生和衍化出了宇宙万物。这就是董仲舒之“天”的全部构成以及宇宙万物形成的全过程。

在董仲舒的宇宙观看来，作为宇宙本原的十端之天及其宇宙图式就是如此。

（二）董仲舒宇宙论的实质——“自然神论”

在董仲舒以天为元本的宇宙观中，以天为本的问题已如上述。但是还有一个天的封建人伦化和“自然神论”性的问题，尚需作进一步的探讨。而对于天的封建人伦化问题，在论述董仲舒有关天地、阴阳与五行的科学思想时，还要对其作具体论述，故在此也就不再多讲，只对其“自然神论”作一必要的论述。

不过，为了说明董仲舒的“自然神论”之天，在此也要先对其天的构成和宇宙图式及由此体现的“天”的性质，作一简要的说明。其“天”的构成即如上节所说：“天有十端”，而其宇宙图式则有两种：第一种图式包含两部分，一部分是包含十端的天，另一部分即是宇宙万物，这实质上就是以“天”为核心的宇宙图式；第二种图式即是他所说：“人，下长万物，上参天地。”而这实质上是以人为中心的宇宙图式。

对于这两种宇宙图式如何看？从表面来看，以“天”为核心的宇宙图式，无疑与董仲舒的思想体系正合。因为“天”是董仲舒的思想体系中的最高范畴，又是一切事物的主宰。故此徐复观将其称为“天的哲学”。更何况董仲舒还明确讲人化天数而成，人类社会也是按照天的伦常关系建立和运行的，故而一切都是天意安排的。因此他还明确讲，要“屈民而伸君，屈君而伸天”。可见，其第一种宇宙图式突出了天的地位，似乎更符合董仲舒“天的哲学”理念。但若从实质来看，第二种宇宙图式则更符合董仲舒的思想。因为他所谓人化天数而成，实质上是以人的形象来塑造天；所谓“天”的伦常关系也是按照人类社会的封建伦常关系来塑造的，即把“天”封建人伦化；再者，人还是天的目的，“天常以爱利为意，以养长为事”，并且“人最为天下贵也”，“天覆育万物……凡举归之以奉人”。这些都表明董仲舒的宇宙论形式上是“天的哲学”，而实质上则是“人的哲学”，是把天人化，而且是封建社会人类学的普泛化，或叫泛封建社会人类学。

由此可见，对于董仲舒的这个天的构成和宇宙图式，从内容到形式，从实质到结构，都充斥着明显和浓厚的自然物质性及封建人伦性。因而从其所具有的物质性来看，它同古代任何一个朴素唯物主义者都没有原则区别。但是，董仲舒对于天的构成及宇宙图式的观点或思想，显然并非止于此，而是他又进一步将其封建伦常化和自然神论化了。从而董仲舒之“天”的构成和宇宙图式，便被赋予了封建人伦性和自然神论性。这也就是说，董仲舒的“天”乃是自然物质性、封建人伦性和自然神论性三者的混合。不过，我们这里所说的自然神论性，同一些人所说的宗教神学或正宗神学不同；与另一些人所说“既是神学的，又是自然的，又是道德的”，“自然之天从属于道德之天，道德之天又从属于神灵之天”[①]，也有很大差别。在董仲舒这里，天的自然性是基础，人伦性是核心，神圣性是形式，所以，其人伦性和神圣性都离不开其自然性，并要通过自然性才得以表现和实现。这显然与欧洲中世纪所信奉的全知全能的上帝之神不同，而更接近于欧洲近代启蒙时期的自然神论和泛神论。董仲舒在这里将自然之天封建人伦化，无疑只是以人来度天，而与其将天神化并不是一回事。所以，我们在这里要论述的董仲舒之天的自然神论性，并不包括将其封建伦常化的问题。

董仲舒的自然神论之“天”，直接讲到神性的有这样三段话：

> 天者，百神之君也，王者之所最尊也。
>
> 天者，百神之大君也。事天不备，虽百神犹无益也。何以言其然也？祭而地神者，《春秋》讥之。孔子曰：“获罪于天，无所祷也。”是其法也。故未见秦国致[大]（天）福如周国也。《诗》曰：“唯此文王，小心翼翼，昭事上帝，允怀多福。多福者，非谓人事也，事功也，谓天之所福也。”《传》曰：“周国子多贤，蕃至于骈孕男者四，四产而得八男，皆君子俊雄也。此天之

①金春峰：《汉代思想史》，中国社会科学出版社，1987，第155页。

所以兴周国也，非周国之所能为也。”

立为天子者，天予是家。天予是家者，天使是家。天使是家者，是天之所予也，天之所使也……以此观之，不祭天者，乃不可祭小神也。

除开上面三段话直接讲到的“神”性之外，类此者还有许多。如董仲舒还多次讲到天子受命于天，非人力所能致者的话。如说：“臣闻天所大奉使之王者，非有人力所能致而自至者，此受命之符也。”[①] 在谈到孔子的“君子有三畏”的“畏天命”之时他还说：“彼岂无伤害于人，而孔子徒畏哉？以此见天之不可不畏敬，犹主上之不可不谨事。不谨事主，其祸来至显，不畏敬天，其鞅来至暗。暗者不见，端若自然。”

董仲舒的这些话表明，在他看来，“天”不仅具有自然物质性与人的情感意志及伦常关系，而且还具有神性。它不仅可以赐福于人，亦可降祸于人。这就是他所谓的“天命”。当然，人的天命是福还是祸，这与人是否谨事天紧密相连。若像文王那样，小心翼翼，昭事上帝，就会得到上天的多福，否则，天就会降灾祸于人。不过这同是否谨事主不同，不谨事主，其祸来至显，而不敬畏天，则其祸来至暗。即所谓“鞅言不必立校，默而无声，潜而无形”，“端若自然”。所以董仲舒讲：“事天不备，虽百神亦无益也”，并且如孔子所说：“获罪于天，无所祷也。”正是基于此，董仲舒说古之圣王每岁之始，都要“郊事天”，唯有秦“独阙然废之”，所以秦不像周国那样得到上天之多福。

从上面所引可知，董仲舒之上天具有神性，是非常明显的。也就是据此，引发了以往有些人关于董仲舒的“天”如西方上帝之人格神的论断，并论定其为“正宗神学”，从而完全抛弃了其天的自然物质性。当然，若仅从其有关天的神性的话来看，将其比之西方的上帝之神，似乎也不是毫无根据的。不过这只是说到了其与西方上帝之神相似的一面，

---

①班固（东汉）：《汉书·董仲舒传》，江苏古籍出版社，2002。

而未言及其与西方信奉的上帝不同的一面。这是以前人们很少注意的。其与西方上帝之神的重大区别有以下几点：

第一，西方的至上神上帝，是与人具有同样形体的人格神，人则是上帝完全依照自己的形象造出来的。而董仲舒的“天”虽然与人可以相比附，但他的天终究没有人一样的形体，而且“天”包含包括人在内的十端，所以不能说是人格神。

第二，西方的上帝之神完全是凭空造了天，造了地，造了人，又造了世界上的万事万物，因而它在时间上是绝对在先的，真不愧其全知全能的称号。而董仲舒的“天”就其自身构成的十端而言，其基质无疑都是自然物质性的东西，世界上的万事万物则不过是由这个物质性的十端之天演化而来，并不是由人格神凭空造出来的。

第三，西方的上帝之神，其降灾布祥完全是以绝对的指令来进行和实现的。如《旧约全书》的《创世记》所说：“上帝说要造光，就有了光。”“上帝说，地要发生青草和结种子的菜蔬，并结果子的树木，各从其类，果子都包着核，事就这样成了。”等等。至于降灾也是如此，上帝耶和华见人的罪恶大，于是便连续降雨四十昼夜，把地上的活物除灭，只赐福给挪亚。而董仲舒的天神则不同，它的赏善罚恶完全是靠着以“同类相动”为理论依据的“天人感应”来完成的，“端若自然”，这一点到下面再详论。

可见，董仲舒的“天”神虽与西方的上帝之神有相似的一面，即具有至上神性；但它本身却与自然合一，即具有自然物质性，并通过自然规律来发生作用，否则便也没有了董仲舒的天神。所以说董仲舒的天神，与西方的上帝之神有着很大的不同，它更接近于欧洲哲学史上的自然神论和泛神论。

在此之所以说它“更接近于”，即是说它并“不就是”西方的自然神论和泛神论。西方的自然神论认为，有一个作为宇宙始因的上帝存在，而上帝一旦创造了万物，它便完成了自己的使命，此后宇宙便按照自己的规律行事，而这也就体现了上帝的意志。西方的泛神论认为，

“上帝就是自然”，而且上帝就存在于自然事物之中。董仲舒包含十端的“天”，作为“百神之大君”，它具有人的意志和情感，并体现于自然事物及其运行的规律之中，这是类似于自然神论的方面；而“百神之大君”并不存在于这些个别事物中。可见，这只能说作为“百神之大君”的“天”，接近或类似于西方的自然神论和泛神论。而就其将自然神化这一点来看，应该说这才是真正和名副其实的自然神论。

当然在此还应指出，由于时代不同，董仲舒的自然神论与16、17世纪西方的自然神论或泛神论，还有一个很大的不同点，这就是西方近代的自然神论和泛神论，常常是为了反对封建的宗教神学，而以宗教神学的形式出现的、实质上是唯物主义的无神论的隐蔽理论；而董仲舒所处正是确立封建统治的时代，近代自然科学尚未萌芽，其所要建立的正是维护封建统治的理论体系。这就决定了他不可能提出一套否定有神论的理论体系，而只能是在尽量吸收以往唯物主义和自然科学成就的基础上，利用和改造以往的天命论，由此便有了我们看到的董仲舒的自然神论之天。

董仲舒的自然神论可以说表现于他的全部著作，但最突出的是以下两段话：

> 天高其位而下其施，藏其形而见其光。高其位，所以为尊也；下其施，所以为仁也；藏其形，所以为神；见其光，所以为明。故位尊而施仁，藏身而见光者，天之行也。
>
> 天地之行美也。是以天高其位而下其施，藏其形而见其光。序列星而近至精，考阴阳而降霜露。高其位所以为尊也，下其施所以为仁也，藏其形所以为神也，考阴阳所以为岁也，降霜雪所以成杀也。

从这两段话，就可以更清楚地看到董仲舒所说“天”神，与宗教神学的上帝有着极大的不同。所谓“天高其位”，是说它同地相比，高高在上；而“下其施”，是说它能化作风雨，滋养万物。所谓“藏其形”，是说虚空缥缈，没有任何具体形象；“见其光”，是说它通过日月星辰，能照亮浩瀚的宇宙和山川大地。显然，这些都是自然之天的形象描绘，但又被赋予了神圣的内涵：“高其位所以为尊”，“下其施所以为仁”，“藏其形所以为神”，“见其光所以为明”。这就表明，董仲舒所说作为“百神之大君”的“天”神，正是这个“高其位”、“下其施”、“藏其形”、“见其光”的具有人的情感意志和伦常关系的自然之天，而且其神性又绝非超自然的，正是人们所常见的自然现象。故此他所说这个非人力所能致者，又绝非是什么超自然的力所致。

正是因此，董仲舒在讲到“天”的“神”性之时，极少说它具有超自然性，而侧重于说明它的神秘难知性，即神秘性。例如，除上面所引他把“藏其形”看作是“神”之外，在论到“为人君者其要贵神”、“体国之道在于尊神”时，他还说：“神者不可得而视也，不可得而听也。是故视而不见其形，听而不闻其声。声之不闻，故莫得其响；不见其形，故莫得其影。”这也就是说，在他看来，所谓“神”，也就是视而不见其形、听而不闻其声的难知者了。故此他明确讲：“物之难知者若神。”因此他一方面讲：“王者不可以不知天。”另一方面他又说：“知天，诗人之所难也。天意难见也，其道难理。”由此也就表明，董仲舒的“百神之大君”的“神”，就在于它的神秘难知性。这也就表明，董仲舒的“天”除开其所具有的自然物质性和人的情感性之外，那就是它的自然神论的神秘难知性了。而这也就是董仲舒的“天”的全部性质。

在了解了董仲舒“天”的性质后，由此可以知道，把董仲舒看作是“中国奥古斯丁”和“正宗神学”的创始人，显然就不能成立了。这是因为：一方面，正如马克思所说：“无论如何，对于实际的唯物主义者来说，自然神论不过是摆脱宗教的一种简便易行的方法罢了。”①这时

①《马克思恩格斯选集》第3卷，人民出版社，1972，第384页。

的中国，虽然不是处于封建社会末和资本主义的萌芽时代，而是处于封建社会的初期，但在当时的思想意识形态领域中，尊崇全知全能和至高无上的超自然的天神，依然居于统治的地位。由此来看，他在提出“独尊儒术”使儒学登上统治地位的前提下，虽然给予了天以神圣性的规定，因而落后于先秦的荀子，但他对天具有十端的自然物质性的规定，却比先秦要具体，其物质性也更明确，因而比先秦乃至汉初时期那个全知全能的超自然的上帝之天，还是有很大进步的。另一方面，他对天人及事物间的“同类相动”规律性的揭示，虽然有着很大的神秘性错误，但对揭示事物的规律性，乃至对鬼神迷信的批判，也还是有重大科学价值的。这一点在后面谈到“天人感应”问题时就更清楚了。因此，董仲舒的天论并未排除对天的事物间关系的科学研究，乃至就他关于“同类相动”说的解释来看，实际上就是对天的十端事物关系的一种科学探讨。所以，仅仅以其中包含有神秘性的一面，便把董仲舒论定为“正宗神学”的创始人，从而将其一棍子打死，这显然是有失公允的，也是不能服人的，极不利于揭示真正的中国科学思想发展史和中国哲学思想发展史。

当然，董仲舒之“天”的三重属性显然有着不可克服的内在矛盾性。他对纯属于自然的天，硬要赋予其人伦的情感和意志，明显是无类比附，而他又进而给天涂上了一层神性之光彩，这就使其内在的矛盾更加不可调和。尽管他以自然神论的形式把天的赏善罚恶功能说成是“端若自然”，甚至以“同类相动”的“天人感应”从理论上来论证，其内在的矛盾性显然仍无法掩盖和不可克服：肯定自然神化，必然以牺牲其自然规律性为代价；而肯定其自然规律性，则其神性便不复存在。其自然性与人的情感性，也有着类似的情景。这当然也表明自然神论本身就是一个不可克服的矛盾。尽管董仲舒力图克服它，其结果也是徒劳。而且，他论证得越是像那么回事，其矛盾性也就越明显。这可以说是一个永远挣不脱的矛盾体。当然有人以正宗神学或朴素元气论来掩盖这个矛盾，这显然并不符合董仲舒思想的实际。正确的做法只有一个，就是承认这个矛盾，认识这个矛盾，揭露这个矛盾，并进而阐明其历史地位。

二、“变而有常”的天道观

在以往的教科书中，均以“天不变，道亦不变”来概括董仲舒的天道观，并据此认定其为形而上学的世界观。然而，这是一种错误的概括。正确地说，应是“变而有常”的天道观。

（一）不能用“天不变，道亦不变”概括董仲舒的天道观

表明董仲舒天道观的那段话究竟是怎么说的？又是怎样一种意思呢？为了避免断章取义，同时也为了让大家把握这段话的真实涵义，并搞清楚董仲舒的天道观到底是一种怎样的天道观，下面就让我们将《汉书·董仲舒传》中的那段话全部引出来，然后再作分析。董仲舒的这段话是：

> 册曰：“三王之教所祖不同，而皆有失，或谓久而不易者道也，意岂异哉？”臣闻，夫乐而不乱复而不厌者谓之道；道者万世亡弊，弊者道之失也。先王之道必有偏而不起之处，故政有眊而不行，举其偏者以补其弊而已矣。三王之道所祖不同，非其相反，将以捄溢扶衰，所遭之变然也。故孔子曰：“亡为而治者，其舜乎！”改正朔，易服色，以顺天命而已，其余尽循尧道，何更为哉！故王者有改制之名，亡变道之实。然夏上忠，殷上敬，周上文者，所继之捄，当用此也：孔子曰：“殷因于夏礼，所损益可知也；周因于殷礼，所损益可知也；其或继周者，虽百世可知也。”此言百王之用，以此三者矣。夏因于虞，而独不言所损益者，其道如一而

所上同也。道之大原出于天，天不变，道亦不变。是以禹继舜，舜继尧，三圣相受而守一道，亡救弊之政也，故不言其所损益也。繇是观之，继治世者其道同，继乱世者其道变。今汉继大乱之后，若宜少损周之文致，用夏之忠者。

对于董仲舒这段话所表达的思想，以往的概括就是：“天不变，道亦不变的形而上学。”然而这种概括显然不符合董仲舒的原意，因而是极其错误的，甚至可以说是断章取义。在董仲舒的这段话中，确实也有“天不变，道亦不变”的话，但问题是董仲舒是否肯定存在着这么一个永远不变的天道呢？我们看到，董仲舒的这句话显然不是孤立的，而仅是他在回答武帝策问，以及谈到天道的变与不变时的一种情况，即是“禹继舜，舜继尧，三圣相受而守一道”的情况，故而这句话包含不了他所说殷继夏和周继殷之有“所损益”的情况。因而“天不变，道亦不变”的话，其所反映的并不是董仲舒天道观的全貌。

那么，董仲舒的天道观究竟是怎样的呢？现在就让我们对这段话作一全面的分析，以揭示其原貌。武帝的策问是：“三王之教所祖不同，而皆有失，或谓久而不易者道也，意岂异哉？”董仲舒的回答首先以“臣闻”的方式说，“夫乐而不乱复而不厌者谓之道”。因而“道”就应该是“万世亡弊”的，“弊”则是“道之失也”。从这段话来看，董仲舒似乎是肯定了有一种万世不变的道；但是，下面董仲舒紧接着就指出：先王之道“必有偏而不起之处”，故而政亦必有不明和不好的情况，于是就要举偏和补弊。三王之道所宗虽然不同，但却不是对立的，而都是为了“捄溢扶衰”，以应所遇之变故也。这样，他就在现实中又排除了这种万古不变之天道的存在，而仅将其视为了理想之道。现实的历史是怎样的呢？他以为有两种情况：一种就是尧、舜、禹“三圣”相受而守一道的情况；另一种则是夏上忠、殷上敬、周上文的有“所损益”的情况。而他所谓“道之大原出于天，天不变，道亦不变”者，即是“禹继舜，舜继尧，三圣相受而守一道，亡救弊之政也，故不言所损益也”的历史情况。为此，他对这两种历史情况作了一个总的概括，即“繇是观之，继治世者其道同，继乱世者其道变”。这就是他对于武帝关于历史上天道变与不变策问的全面答卷。这就清楚地表明，董仲舒的天道观，绝不是、也不能用一个“天不变，道亦不变”来予以概括。而且我们还看到，为了说明这一点，紧接着在这段话之后，他还说了一句话：“今汉继大乱之后，若宜少损周之文致，用夏之忠者。”实际上，董仲舒的这段话，其目的和要点全在最后这句话上。而这句话恰恰表明，在董仲舒看来，历史上还存在着天变、道亦变的情况，因而他主张汉代是要变道的。

从上面的分析可以清楚地看到，董仲舒在这段话中，显然从未全面肯定“天不变，道亦不变”。而且，如果综合其全部著作对天道变化的论述，那么我们就会看到一个与“天不变，道亦不变”完全相反的另一种天道观：首先，“天”是变化的，因而道亦要变。如他说：“天者，万物之祖，万物非天不生。”“天地者，万物之本，先祖之所出也。”“生育养长，成而更生，终而复始。”这显然都肯定了天、地生生不息的运动和变化。其次，“气”也是变化的。在董仲舒看来，气有多种，如天、地、人之气，阴阳二气，中和之气，四时之气，以及人之喜、怒、哀、乐之气等等，这些气都是运动和变化的。如他在《循天之道》中说：“天之气，常动而不滞。”“四气者，天与人所同有者也，故可节而不可止也，节之而顺，止之而乱。”再次，董仲舒以为万物也是随时而变的：“天无常于物，而一于时。”天下万物皆“乘于其泰而生，厌于其胜而死”，此乃是“天之数”。最后，他还肯定了人类社会的发展与变迁，这就是上面他得出的结论：“继治世者其道同，继乱世者其道变。”总之，在董仲舒看来，天、气、万事万物以及人类社会通通都是变动的。因此，以往将董仲舒的天道观概括为“天不变，道亦不变”，显然是与其主张完全相反的。在董仲舒看来，人类社会的历史确实存在“天不变，道亦不变”的情况，但这只是人类社会的一种情况，而不是其全部；同时，在人类社会中还存在着天变，道亦会随之而变的情况。将这两种情况合起来，才是董仲舒有关天道变化思想的全貌。

（二）董仲舒是“变而有常”的天道观

那么，如何概括董仲舒的天道观才符合其原意呢？

从上面董仲舒《天人三策》的有关引文已清楚地看到，他在天道观上显然肯定了天道的变化，而且还揭示了社会发展中的某种规律性，这就是：天不变，道亦不变；天变，道亦要变。用他的话说就是：“继治世者其道同，继乱世者其道变。”

不过在这段话中，他对天道变化自身的规律性仍然未能作出更为明晰的概括。这种概括应该说是在《春秋繁露·天容》篇中完成的。这就是：

> 天之道，有序而时，有度而节，变而有常，反而有相奉，微而致远，踔而致精，一而少积蓄，广而实，虚而盈。

他在这里所说宇宙事物变化的“有序而时，有度而节，变而有常”的规律性，在董仲舒的著作中几乎到处可见。例如他说：“天之常道，相反之物也，不得两起，故谓之一。一而不二者，天之行也。”又如：“天道之常，一阴一阳，阳者，天之德也；阴者，天之刑也。圣人之治亦从而然。”这就是说，不论自然事物，还是人类社会，都存在着这种“反而有相奉”的“变而有常”的规律性。

这种“变而有常”的天道既然是规律，也就是说它是客观的和不可违背的。所以董仲舒还充分论述了它的不可违背性。如说：“事无大小，物无难易，反天之道，无成者。”又说：“天亦有喜怒之气，哀乐之心，与人相副……与天同者大治，与天异者大乱。”“阴阳理，人之法也……喜乐时而当，则岁美；不时而妄，则岁恶。天、地、人主一也。”这显然都说明，人必须按天道行事，否则就要受到规律的惩罚。

当然，董仲舒在肯定天道“变而有常”的规律性和必然性的同时，还承认了天道有“不常之变”的偶然性。如他说：“天地之物有不常之变者，谓之异，小者谓之灾。”这种偶然性的出现，董仲舒以为与天人感应产生的灾异不同，乃是阴阳的偶然失衡所致。如他说：“禹水、汤旱，非常经也，适遭世气之变，而阴阳失平……皆适遭之变，非禹汤之过也。”这显然也体现了董仲舒天道观的辩证性。

正是有鉴于其既肯定了天道“变而有常”的规律性，同时又承认天道有“不常之变”的偶然性，故董仲舒又相应提出并阐述了经与权的辩证法。董仲舒认为：“天之道，有伦，有经，有权。”这里所谓“伦”，即秩序；“经”，即常规；“权”，即权变，或应变。这里的“经”显然是与“常”相对应的，而“权”则是与“变”相对应的。他有时又把“阳德”看作“经”，而把“阴刑”视为“权”。但不论如何在他看来：“《春秋》之道，固有常有变，变用于变，常用于常，各止其科，非相妨也。”以此来看“礼”，则《春秋》亦“有经礼，有变礼”。不过，他又以为“常”与“变”、“经”与“权”虽然不同或相反，但却并不是互相排斥或否定的。这是因为如他所说：“夫权虽反经，亦必在可以然之域。不在可以然之域，故虽死亡，终弗为也。”

另外，在董仲舒“变而有常”的天道观中，还有一个极为重要而同时又极易被人忽视的思想，这就是对“汤武革命”的肯定。因为这既与人类社会历史相关，又涉及人们对自然事物及其历史的认识。不过，对于董仲舒的历史观，人们历来都以“三统、三正”的循环论来论定；实际上，这也就否定了其新王必须“应天改制”、“应人制礼”和依“三统、三道”而辩证进化的历史观。

当然，其所谓“三统说”与“五德说”的不同，不仅有三与五的区别，而且“三统说”没有生或克的规律；另外，就此而言，其不同也还只是循环时间和形式，而均未言及社会的“大纲、人伦、道理、政治、教化、习俗、文义”等方面的变革。而董仲舒在其“变而有常”的天道观中所论述的历史之演变，首先，是三统的“应天改制”之变，同时还涉及“忠、敬、文”三道的“应人制礼”的变革；其次，这种变革因为“救溢扶衰”，所以是“有所损益”的变革，因而也就必然会有所改进或进化；再次，董仲舒还承认了汤武革命，即对“汤武有所伐”作了明确的肯定，并作了全面的论证。依此而论，董仲舒所说的这种“革命”，即“伐”，不仅指此后封建社会的改朝换代，而且包含了此前的封建制度对奴隶社会制度的革命。这样在其历史的循环中，就具有了实质性的螺旋式上升，即有了历史的进化与革命。

董仲舒在这里对汤武革命的肯定，一则是其君权神授及社会伦理思想的体现；二则也是贯彻其“三统、三道”进化历史观的必要环节，即对社会“革命”的肯定；三则，这个肯定既包含了历史上奴隶社会自身的进化，也包含了从奴隶社会向封建社会的变革，同时也为封建社会自身的发展与进化设计了一套自行调节机制。从宇宙论的角度来看，这种“革命”的观念，也应适用于自然界。这样也就自然应纳入其“变而有常”的天道观了。应该说董仲舒有关元气及阴阳五行说的科学观，正是在承认“革命”的总的宇宙观指导下才得以阐发的。所以董仲舒的元气说与阴阳五行说，也都是与其宇宙论紧密相关的；而这在今天看来，其实也就是他的宇宙观的一部分。所以，这个思想当然也应包含其自然观或自然科学观在内。

（三）“合偶”形态的矛盾辩证法

我们说董仲舒的天道观是辩证的，不仅在于他论述了天道的“变而有常”，而且他还首次提出并阐述了“合偶”形态的矛盾辩证法，以及事物的革命性。

在中国古代历来就有矛盾思想的传统，不过这一思想也经历了各种形态的演变。在先秦，最早是以无概念的实例形式出现的，如老子、孙子等，当时他们尚未能抽象出一个具有广泛概括性的范畴表示矛盾思想，直到战国末期的《易传》，才形成了阴阳形态的矛盾思想，把阴阳看作是贯穿宇宙万物并推动其运动变化的动力。然而严格说，这种阴阳矛盾依然是一种具体的矛盾形式，只有到了汉代，董仲舒才首次抽象出了“合偶”概念的矛盾形态。此后到宋代的张载（公元1020～1077年，北宋哲学家）、二程（程颐，公元1033～1107年；程颢，公元1032～1085年，均为北宋哲学家）和朱熹（公元1130～1200年，南宋哲学家），则又提出了“两一”、“对待”及“一分为二”的矛盾形态。直到明末，才由方以智（公元1611～1671年，明清之际的思想家）最后提出了“矛盾”概念的辩证法。由此可见董仲舒对于中国古代辩证法思想的贡献是明显的。如他说：

百物皆有合偶，偶之，合之，仇之，匹之，善矣。

凡物必有合，合必有上、必有下，必有左、必有右，必有前、必有后，必有表、必有里。有美必有恶，有顺必有逆，有喜必有怒，有寒必有暑，有昼必有夜。此皆其合也。

天地之气，合而为一，分为阴阳，判为四时，列为五行。

他在这里所揭示的“合偶”辩证法，显然就是对立而又统一的矛盾辩证法。当然对于矛盾辩证法，在中国古代也有两种倾向，一则注重分，一则注重合。但注重分者，不是不讲合；而注重合者，亦不是不讲分。董仲舒的“百物皆有合偶”显然属于注重合的辩证法。有人因此便说董仲舒只讲合，不讲分，这显然不符合董仲舒的思想。他在讲到“天地之气，合而为一”时，又明确讲：“分为阴阳，判为四时，列为五行”，怎么能说他不讲分呢？

董仲舒“百物皆有合偶”的辩证法，主要体现于他对阴阳矛盾的分析。如说：“物莫无合，而合各有阴阳。”“君臣、父子、夫妇之义，皆与诸阴阳之道。”“天道之常，一阴一阳。”因此，他还分析了各种矛盾，尤其是阴阳矛盾的多种同一性：

互相依存的同一性：“有美必有恶，有顺必有逆，……”

互相包含的同一性：“阳兼于阴，阴兼于阳；夫兼于妻，妻兼于夫；父兼于子，子兼于父；君兼于臣，臣兼于君。”

互相转化的同一性：“阳气起于北方，至南方而盛，盛极而合乎阴；阴气起于中夏，至中冬而盛，盛极而合乎阳。”

以上这三点，实际上已涉及矛盾的对立和转化两个阶段的同一性的主要方面和内容，从而深刻揭示了自然和社会的辩证法。在此值得一提的是，他阐述的中和、微著、祸福的辩证法，非常深刻。特别是在祸福的矛盾中，他还讲到了吉凶、祸福转化的条件性。例如他一方面说：“是福之本生于忧，而祸起于喜也。”另一方面他又说：“凡人有忧而不知忧者凶，有忧而忧之者吉。”两种态度，两种结果。这些在此就不作详论了。

当然，董仲舒有关矛盾的思想也有不彻底的一面。例如，他一方面承认了君臣、父子、夫妻关系中有相兼性，但是为了迎合封建王朝的需要，他又把君为臣纲、父为子纲、夫为妻纲看作是永远不变的真理。这就使他的矛盾辩证法打了某种折扣。但无论如何，董仲舒有关矛盾的思想就其总体来说是辩证法，而不应被说成是形而上学。

第三章

董仲舒的『天人感应』论及其『无类类比』和『循名得理』的方法论

天人关系亦是董仲舒宇宙论的重要组成部分乃至其理论基础，故在论及其自然科学之前，亦应厘清其“天人感应”论，及在此基础上所形成的“无类类比”与“循名得理”的方法论。

一、董仲舒的“天人感应”论

董仲舒的宇宙论表现于天人关系，就是他的“天人感应”论。这种“天人感应”论显然并非董仲舒的创造，而是古已有之的，他不过是将其系统化和理论化而已。

“天人感应”论，就其实质来说，也可以说是一种天命论。而天命论，则早在殷商之时就已产生和存在了，到周朝则流传得更为广泛。如春秋末的邓析子曾说：“怨夭折者，不知命也”，“临难不惧，知天命也。”（《邓析子》）战国时的慎子亦传尧闻舜贤，曾率群臣，刻璧为书，“言天命传舜之意”（《慎子外篇》）。《尚书·召诰》记载的召公劝诫成王所云“有夏服天命”，“有殷受天命”。《中庸》虽未言“天命”，但《中庸序》却引有“天命率性”之文。《墨子·天志中》所云“得天之赏者”，“得天之罚者”，亦是明显的天命论。不过，这种天命论总是与“皇天无亲，唯德是辅”的理论相联系的。所以《尚书·召诰》又云殷纣因“不敬厥德”，“早坠厥命”；而《墨子·天志中》则云，“爱人利人，顺天之意，得天之赏”；“憎人贼人，反天之意，得天之罚”。此时人君行恶、平民行善是如何为天所知，而天命又是如何得以实施的呢？这就是《尚书·皋陶谟》所云：“天视听人君之行，用民之聪明；天欲明威，用民以成其威。”不过，到了周朝后期，尤其春秋、战国时代，就已有了同类相感的观念。如《乾卦·文言》：

"同声相应，同气相求，水流湿，火就燥。"这种观念甚至流行于政治领域，如《中庸》云："国家将兴，必有祯祥；国家将亡，必有妖孽。"《吕氏春秋》则更加明确了："凡帝王者之将兴也，必先见祥乎下民。"这无疑为董仲舒的"天人感应"论，既提供了思想资料，又提供了理论基础。

"天人感应"论作为一种学说，应该说是由董仲舒最后完成的。其主要思想概括起来就是：自然之"天"神与作为同类的人，互相感应，并通过"天"的祥瑞或灾异之形式，给予人奖赏或惩罚，从而以实现天命。在《汉书·董仲舒传》中武帝曾提出："三代受命，其符安在？灾异之变，何缘而起？"董仲舒答之曰："臣闻天之所大奉使之王者，必有非人力所能致而自至者，此受命之符也……皆积善累德之效也。及至后世，淫佚衰微，不能统理群生；诸侯背畔，残贼良民以争壤土……上下不和，则阴阳缪盭，而妖孽生矣。此灾异所缘而起也。"又说："国家将有失道之败，而天乃先出灾害以谴告之，不知自省，又出怪异以警惧之，尚不知变，而伤败乃至。"显然，这种"天人感应"论有着明显的神学目的论的色彩。

不过，董仲舒的"天人感应"论，与邹衍、《吕氏春秋》及《淮南子》的五德终始说有着很大的不同。这种不同，不仅表现在其发生感应的是包含十端的自然之天，而且他还在"同类相动"中明确排除了超自然"神"的作用。如他说："故气同则会，声比则应，其验皦然也。试调琴而错之，鼓其宫，则他宫应之，鼓其商，而他商应之。五音比而自鸣，非有神，其数然也……帝王之将兴也，其美祥亦先见；其将亡也，妖孽亦先见。物故以类相召也。"这也就是说，这种同类相动之理，非"神"所致，而是自然之"数"使然。此亦如致雨之"动阴以起阴"、止雨之"动阳以起阳"，"非神也"一样。人们之所以"疑于神者，其理微妙也"。由此可见，以往有人把董仲舒的"天人感应"论，与超自然之神的天命论等同起来，实在是一种误解。

当然，董仲舒的“天人感应”论并非唯物主义的认识；他虽然排除了超自然的有神论，但对“数”并未给出科学的解释。所谓“其理微妙也”之说，与所谓“神者，难知也”其意相当。所以他始终未能否定天命，而是一个自然神论的天命论者，并多方面论证了“人受命于天”和“天子受命于天”。如其所云，天积十月而功成，人亦“十月而生”；人之血气“化天志而仁”，人之德行，“化天理而义”。同时，他还把“大赤鸟衔谷种，而集于王屋之上”，亦看作是周之“将兴”的“受命”之符，并多次讲“天子受命于天”。在这里他虽然讲的是天人之间通过同类相感，“物故以类相召”，“无非已先起之，而物以类应之而动者也”，从而使天命得以实现，但这终归依然是一种天命论。当然，对于那个时代的这种“天命论”，不可过多苛求，应看到其进步的方面。如马克思对西方自然神论所说：“无论如何，对实际的唯物主义者来说，自然神论不过是摆脱宗教的一种简便易行的方法罢了。”[①]董仲舒在这里显然也表现了其力图摆脱超自然神论的挣扎。

当然，对于董仲舒的“天人感应”论，历来就有人认为其是纯粹的神学谬论，并认为他“一劳永逸地完成了自然科学的任何研究”和“对科学技术发展产生了极大的阻碍作用”[②]。所以，在以往的中国思想通史、中国哲学史以及中国科技史的著作中，几乎都毫无例外地把董仲舒的“天人感应”论作为其“正宗神学”的证据。但是，“天人感应”论显然并不是董仲舒的发明，在此之前的中国古籍中早就存在。在此仅提出《吕氏春秋·应同》篇所说“凡帝王之将兴也，天必先见祥乎下民……”一段话，便足可作证。另外，在《史记·孝文本纪》中亦记载有孝文帝因日食而自以为失政所说的一段话：“人主不德，布政不均，则天示之以菑，以诫不治。”由此表明这种“天人感应”论在统治阶级的最高层中，也是相当流行的。所以董仲舒在他的著作中讲天人感

①《马克思恩格斯选集》第3卷，人民出版社，1972，第384页。
② 杜石然等著：《中国科学技术史稿》上册，科学出版社，1982，第219页。

应，毫不奇怪。问题在于董仲舒所讲的“天人感应”是否就是此前的这种完全神秘主义的东西？在以往的中国哲学史和中国科技史的著作中，我还未见有人对此提出过疑问和作过阐述。可以说基本上都是不加区分地予以批判，当然也就谈不上去分析其中是否有可取的乃至科学的成分了。

在这里我绝不是要否认董仲舒“天人感应”的神秘主义思想成分。例如他在《天人三策》中答汉武帝“三代受命，其符安在？灾异之变，何缘而起”的问题时，就以“臣闻”的方式肯定说：“天之所大奉使之王者，必有非人力所能致者，此受命之符也。”为此他还引用了《书》的“白鱼入于王舟，有火复于王屋，流为鸟”的话，并认为“此盖受命之符也”。此外，在《天人三策》中他还明确讲：“国家将有失道之败，而天乃先出灾害以谴告之；不知自省，又出怪异以警惧之；尚不知变，而伤败乃至。”在《春秋繁露·同类相动》中亦有类似说法。这显然都表现了其“天人感应”论中的神秘主义思想。

但是，董仲舒的“天人感应”论并未到此为止，而是又进而回答了何以会发生天人感应之类的天降命和灾异谴告的问题。其《春秋繁露·同类相动》可以说对此作了在当时看来尽可能科学的回答。他说：

> 今平地注水，去燥就湿；均薪施火，去湿就燥。百物去其所与异，而从其所与同，故气同则会，声比则应，其验皦然也。试调琴瑟而错之，鼓其宫，则他宫应之，鼓其商，而他商应之。五音比而自鸣，非有神，其数然也。美事召美类，恶事召恶类，类之相应而起也。如马鸣则马应之，牛鸣则牛应之。帝王之将兴也，其美祥亦先见；其将亡也，妖孽亦先见。物固以类相召。故以龙致雨，以扇逐暑，军之所处以荆楚，美恶皆有从来，以为命，莫知处所。

董仲舒在这里的论述，显然是犯了无类类比的错误，因而是不能成立的，但我们却不能说他的全部论述都是纯粹的胡诌。他所揭示的自然界中牛鸣牛应，马鸣马应，音乐上鼓宫宫应，鼓商商应，这是物质世界某些事物之间客观存在的有规律的现象，是无可置疑的。但是，在论述中他未作任何说明，便把这些自然界物质事物之间合乎规律的一些现象拿来，用以解释社会事物，从而把自然界发生的灾异说成是天对人的谴告；将自然界美祥之物的出现作为符瑞以象征天要对人给予奖赏和委以重任，这显然在逻辑上是不成立的。他的错误就在于，“同类相动”这个对事物间带有某种规律性的朴素性认识，本来讲的是“同类”事物之间的规律性，非同类则无此规律性，可是，董仲舒通过逻辑上的一番演绎，却把它用于了不同类的事物上。这里的问题就出在这个“类”的归属与划分上。自然事物的美与恶，与社会事物的美与恶，原本是不属于同类的；但从各类事物的美与恶来说，它们又都可以分别归类于美或恶。于是，董仲舒便利用了类属的相对性，从而把原本不属同类的自然事物与社会事物，归为同类，由此便得出了其错误的“天人感应”论。当然，在这个类比过程中，看上去似乎他并未违背同类类比的逻辑规律，但他从这些公认的自然界合乎规律的“气同则会，声比则应”等现象，又进而引出了一个比之更为普遍的包含人类社会事物在内的“美事召美类，恶事召恶类”的结论。然而此结论却并不像彼结论那样可靠，它是否具有客观规律性，则是需要予以证明的；而且，现在看来它并不是一个带规律性的真理。所以，当他用这个更普遍的结论来解释社会事物时，便犯了在逻辑上被称为无类类比的错误。这就是董仲舒的“天人感应”论在逻辑上的错误所在。当然，董仲舒在“天人感应”论上的理论错误，不仅有逻辑上的，而且就其为封建皇权神圣性所作论证来看，在哲学上也是客观唯心论和历史唯心论的。在此就不多论述了。

董仲舒“天人感应”论在理论上的错误是不容置疑的，但问题在于，在他的论述中是否还有对科学和社会的发展有价值的东西呢？我以为在他的论述中不仅有而且有甚为可贵的、符合科学的思想，因而不仅需要而且应该作进一步的探讨。例如，为了论述其“天人感应”论，董仲舒所提出的“气同则会，声比则应”，就是他利用的为当时的自然科学所认可的科学成果，也为今天声学的共振原理所证实了的、揭示了客观事物间存在的某些带规律性的科学思想。此外，在上面所引的那段话中他还说：“五音比而自鸣，非有神，其数然也。”应该说，这也是符合科学的具有极其深刻意义的思想。这段话即表明，在他看来，不仅自然界的牛鸣牛应，马鸣马应，以及在音乐中的鼓宫宫应，鼓商商应，乃至所有同类相动的事物，包括“美事召美类，恶事召恶类”的天人感应，也都是“非有神，其数然也”。这样他就从哲理上说明了天人感应是“非有神”的意志和作用的现象，而把天人感应仅仅归结为自然和社会事物之间所存在的“数”的关系所致。这样，他就在论述天人感应的旗号下，实际上抽掉了神的意志和作用，并提出了要人们进一步研究事物之间数的关系的任务，而不是等待天神的指令和判决。所以，依据这些绝对得不出他“一劳永逸地完成了自然科学的任何研究”的结论。相反却表明，董仲舒在当时那种超自然的上帝之天处于统治地位的情况下，能够提出这样的理论观点，这是需要有相当大的勇气的，是对超自然的天神至高无上地位的一种挑战和突破，因而是非常难能可贵的。可是现在，不少人不去用心分辨董仲舒的天论及其“天人感应”论与当时一直居于统治地位的被尊为全知全能和超自然的上帝之神的有神论的区别，反而不分青红皂白地把它们完全等同起来，指责董仲舒的“天人感应”论为“正宗神学”，这显然也是有失公允的，且埋没了董仲舒的“天人感应”论竭力挣脱超自然的天神统治、力求寻找科学解释的功绩。从而表明他们完全没有看到董仲舒在解释“同类相动”的现象中，其所提出的“非有神，其数然也”的重大理论意义，尤其是对于科学地探索和研究事物关系的巨大思想解放作用，这不能不说是在理论上的一种不实事求是的重大疏忽与失误。

当然，对于董仲舒的这种肯定，绝不是要完全肯定其论证的正确性。正如前面我们已经指出过的，他的论证其实还存在着逻辑的错误，即把非同类的事物（一为自然事物，一为社会事物），当作了同类事物

（即都当作了自然事物），因而实质上是一种错误的非同类之比，即“无类类比”。这一点我们在下面谈到其方法论的错误时，再予以详论。

二、“无类类比”和“循名得理”的方法论

贯穿于董仲舒认识宇宙事物的重要方法有两个：一个是“无类类比”法，一个是“循名得理”法。这两种方法的错误无疑是很明显的。

先说“无类类比”法。

类比，历来是人类认识事物的重要方法。所谓类比，即以类相比，或比类而同，或比类而异，由此以已知之事物而推知所未知之事，从而认识所预知者，是否为同类。当然，这还需要通晓其中的认知的方法。这就是有比较，才有鉴别；有鉴别，才能知真伪，别同异，察种属，使人们对事物的认识有所前进。这就如《墨子·小取》篇所说：“以类取，以类予”；也就是《墨子·大取》所谓：“以类行。”这都是讲的以类相比而推知其未知或预知之事也。董仲舒在《春秋繁露·玉杯》篇中所云“伍其比，偶其类”，也就是此种类比法。他在《庙殿火灾对》中还说“《春秋》之道，举往以明来”，其实，这也就是其所说《春秋》以类比之法，识得天下、国家之事。应该说董仲舒就非常善于进行类比。这也可以说是他研究《春秋》时发现并常用的一种重要方法。如董仲舒所说：

> 春秋论十二世之事，人道浃而王道备。法布二百四十二年之中，相为左右，以成文采。其居参错，非袭古也。是故论《春秋》者合而通之，缘而求之，五其比，偶其类，览其绪，屠其赘，是以人道浃而王法立。

《春秋》之道，举往以明来。是故天下有物，视《春秋》所举，与同比者，精微眇，以成其意，通论类以贯其理。天地之变，国家之事，粲然皆见，亡所疑矣。

把这两段话合起来，就是说，《春秋》之道就在于举往以明来者。《春秋》所论十二世之事，人道通彻，王道齐备，王法布于二百四十二年之中，其相互补充，且彼此晕映，及于天下之万事万物。因此，论《春秋》者均以此为伍，即所谓“五其比，偶其类”，由此，“天地之变，国家之事，粲然皆见”，人道亦得以行，王法则得以建。

董仲舒的类比法，可以说通贯其全部著作。其天人“相副”，天人“相类”，就是靠着类比法而得出的结论。此种类比法最为成功的例子，就是他有关人性的论述。有人说，“性有善端”，“心有善质”，还不足以说明性善吗？董仲舒应之曰：“非也。茧有丝而茧非丝也，卵有雏而卵非雏也。比类率然，有何疑焉？”而为了说明性有善质，而未可谓善，必须待教而善，他还把性比于禾，善比于米。以此表明善出于性，而不可谓性为善。此种比类可谓精矣。

不过，这种类比法显然是以直观经验为依据的，即以已知之经验事物来推知未知之事物，这叫直观经验类推法。例如，牛顿以苹果从树上掉下来，推知地球有引力作用。儒家“修身、齐家、治国、平天下”理论的提出，显然也都是运用的直观经验类推法。董仲舒在《春秋繁露》中以性比于禾，善比于米，谓“性有善端”，“心有善质”，但不可云“性已善”，无疑也是运用的此种直观经验类推法。这种类推法，无疑是合于古已有之的逻辑的，也是至今人们认识普通事物仍然有效的逻辑方法。

但是，这里需要指出的是，董仲舒的此种类比有着与众不同的特点，这就是“无类类比”法。如他的天人“相副”、天人“相类”，“天人感应”、“天人一也”，其实都是以非同类为前提的，因而实际上将其变成了“无类类比”。而通过这种非同类的类比，只能是牵强附会地将本不可比类的事物强令其比类。这样比类的结果可想而知，只能是似是而非。如为了证明这一点，他先是将人与天牵强附会地当作同类来比：头圆像天，足方像地，四肢比四季，五脏类五行。由此而勉强地以所谓“以类合”，“以数偶”的方法，得出了“人副天数”的看法。而同时还将其说成是“于其可数也，副数；不可数者，副类”的方法，得出了“天人一也”的结论。显然，其由此所得出的结论都是带有极大的主观唯心主义成分的，以为是同类的而其实为非同类者，故此我们只能称其为无类类比的错误方法。

董仲舒在《春秋繁露》中所有关于天人“相副”、天人“相类”，所谓“以类合”、“以数偶”的比类，可以说全部都是运用的此种貌似直观的经验类推法，而实则是无类类比的方法。只要我们认真分析就会发现，他的这种方法实质上是直观经验类推法的主观应用，从而在根本上完全背离了直观经验类推法，从而使之变成了错误的无类类比法。例如他所谓的“天人同类”、“头比于天”、“足比于地”、“毛发比繁星”，等等，其实其相比之两者，均非同类，故而其由此推出的只能是似是而非的自然神论的荒谬结论。这就是此种类比逻辑主观应用的结果。特别值得注意的是，现在竟然有人要把董仲舒的这种非同类的所谓“无类类比”法“现代化”，并称其为是一种“独特的、行之有效的、系统的方法论，即以天人感应为核心、以现象相似为基点、以事物量的一致和质的类同为依据，通过事物间非线性的相互作用，使事物的自组织效应发挥到最大限度，从而使系统（自然和社会）的无序走向有序的类比方法”①。其实董仲舒在此所用的这个方法，其错误是极端明显的，因为从根上来说，他拿来作比较的两者，原本就是非同类的东西，因而也就根本谈不上什么同类之比了。既然其两者为非同类，所以言其以“量的一致和质的类同为依据”，也就毫无意义了，当然也就谈不上是什么“事物间非线性的相互作用”和“自组织效应”了，而成了纯粹

①李宗桂：《相似论、协同学与董仲舒的哲学方法》，载《哲学研究》1986年第9期。

是非同类事物间的所谓类推法的主观应用。所以可以说完全是“无类类比”推论的结果，因而也是与现代的“协同学”根本无法挂钩和同日而语的。

再说“循名得理”。

关于“循名得理”的方法，可以说，完全是董仲舒自造或自创的一种错误的方法。董仲舒说：“名者，大理之首章也。录其首章之意，以窥其中之事，则是非可知，逆顺自著，其几通于天地矣。”“随其名号以入其理，则得之矣。”这种“循名得理”的方法，显然是同其所说正名标准以及以名作为判断是非的标准相联系的，并且是与上面所说那种直观经验类比法不同的另一种与其心论相联系的演绎分析推理法。前面已引用的“夫目不视弗见，心弗论不得。虽有天下之至味，弗嚼弗知其旨也；虽有圣人之至道，弗论弗知其旨也”，其所表明的即是这里所说两种不同的认识逻辑。除了上面他批评“性善”时，曾“诘性之质于善之名”之外，此种实例亦很多，如他曾从天子、诸侯、大夫，到士、民，都以其各自的名称，对其各自的涵义作了演绎的分析：“受命之君，天意之所予也，故号为天子者，宜视天如父，事天以孝道也。号为诸侯者，宜谨视听候奉之天子也。号为大夫者，宜厚其忠信，敦其礼义，使善大于匹夫之义，足以化也。士，事也；民，瞑也。”“瞑者待觉，教之然后善。”这就是董仲舒的“循名得理”法。在他看来，“名之为言真也”，故而“各反其真，则黮黮者还昭昭耳”。

很明显，这种“循名得理”的方法，是同其“心论”说相联系的。因此，按照其“夫目不视弗见，心弗论不得。虽有天下之至味，弗嚼弗知其旨也；虽有圣人之至道，弗论弗知其旨也”，这里前面所说“视”、“嚼”，显然都是指人们日常生活中的感性经验方面的事物，因而是与前面所说“无类类比”法相联系的；而后面所说“道”、“论”，则是与方才所说“循名得理”的方法相联系的，此即是人们所说的理性逻辑演绎方法。此“循名得理”的方法，无疑不适用于前面的视、嚼之具体事物，而只能应用于后者，即通过心论来认知事物。

如《春秋繁露·深察名号》篇从名入手，由此演绎出了封建社会各阶级、阶层人士的本质涵义。他说：

> 受命之君，天意之所予也。故号为天子者，宜事天如父，事天以孝道也。号为诸侯者，宜谨视所候奉之天子也。号为大夫者，宜厚其忠信，敦其礼义，使善大于匹夫之义，足以化也。士者，事也；民者，瞑也。士不及化，可使守事从上而已。

这样，他就将天子、诸侯、大夫、士、民，从其名号入手，对其所含之义，作了封建主义的演绎与分析，从而对他们的地位亦作了明确的规定，反映了当时各个等级的人们的真实地位。

又如关于性，董仲舒是这样说的：

> 今世暗于性，言之者不同，胡不反性之名？性之名非生与？如其生之自然之资谓之性，性者质也。诘性之质于善之名，能中之与？既不能中矣，而尚谓之质善，何哉？

> 性有似目，目卧幽而瞑，待觉而后见。当其未沉，可谓有善质，而不可谓见。今万民之性，有其质而未能觉，譬如瞑者待觉，教之然后善。

这是说，当今之世，人们对性都愚暗不明，说法不一，既如此，何不反性之名，以此来推知其性的实质呢？性之名，不就是天生的意思吗？如果说天生自然之资谓之性，那么性就是自然之质。这合适吗？董仲舒当然作了否定的回答。其主要理由有二：一则如前所述，反性比于禾，善比于米，说明善出于性，但却不可谓性全为善；二则，天生民性有善质而未能善，于是立王以善之，此天意也。但如谓民性已善，那么就“失天意而去王任也”。这样，董仲舒就又从“性”之名出发，分析出了性只有善质，而不可谓善的思想。

董仲舒在《春秋繁露·深察名号》篇还演绎、阐述了王号与君号的大意，这对于了解所谓的“循名得理”是很好的一个例子。

先说“王号”。董仲舒说：“深察王号之大意，其中有五科：皇科、方科、匡科、黄科、往科。”但合此五科，也就是一“王”；而“王”亦会反普之于皇、方、匡、黄、往。故曰：“天覆无外，地载兼爱，风行令，而一其威，雨布施而均其德。”这其实也就是董仲舒所云之“王术”。再说“君号”。董仲舒说：“深察君号之大意，其中亦有五科：元科、原科、权科、温科、群科。”反之，合此五科，则“一言谓之君”。故此若君意不比于元，“则动而失本”；而动而失本，“则所为不立”；所以如用权于变，“则失中之宜”。这样，最终“则离散不群”。而若反之，则又会“不全于君”。

上述就是董仲舒的“循名得理”的方法。

第四章

董仲舒的『元气』说及其『元』论

董仲舒的“元气”说，无疑是其科学思想之一。当然这是说它是当时的即古代的科学思想，并且是与他的宇宙论密切联系在一起的。不过，董仲舒的“元气”说，还只是我国古代宇宙论的“元气”概念提出阶段，而非进入“元气”为始基的宇宙论的成熟阶段。

一、董仲舒的“元气”说

在围绕董仲舒“元气”说的问题上，历来存在重大分歧。而这主要又与从先秦进入秦汉，而逐渐形成的以元气为始基的宇宙发生论问题相关。有的学者认为，在西汉前期，董仲舒就已经把“元气”“作为万物或宇宙的本原”[①]了，而另一些学者则认为，“只是到了东汉中期王充才第一次明确地把‘元气’作为构成宇宙万物的朴素物质概念提出来”[②]。我以为这两种说法都有欠妥之处。前一说法显然是把元气概念的提出，等同于元气理论体系的形成；而后一说法亦显然没有反映元气论的形成有一个过程。实际上元气论的形成经历了以下三个阶段：

第一阶段，即提出“元气”概念的阶段。这个阶段包括从战国后期至西汉前期。在这个阶段，如被多数人认为是伪书的《鹖冠子》，就曾有“天地成于元气，万物乘于天地”之说。

第二阶段，“元气”概念的发展阶段。这个阶段包括从西汉前中期至东汉中期之前。此时如《淮南子·天文训》说：“天地未形，冯冯翼翼，洞洞灟灟，故曰太昭。道始于虚霩，虚霩生宇宙，宇宙生元气，

①金春峰：《汉代思想史》，中国社会科学出版社，1987，第149页。
②于首奎：《两汉哲学新探》，四川人民出版社，1988，第163页。

元气有涯垠，清阳者薄靡而为天，重浊者凝滞而为地。清妙之合专易，重浊之凝竭难，故天先感而地后定。天地之袭精为阴阳，阴阳之专精为四时，四时之散清为万物。”这就是宇宙演化过程。此过程分为两个阶段：第一阶段为天地生成之前，此时道（又叫“太昭”）经历了虚霩、宇宙、元气三个小阶段，都是无形无象的状态，而未形成有形事物；第二阶段，即产生元气之后，内部又分化为阴阳二气，即所谓“有二神混生”，并由阴阳分别形成天、地，然后产生万物与人。由此可见，此时之“元气”尚不具有原始本体或始基的涵义，而仅是“道”在自身发展中的一个小阶段。

第三阶段，即东汉中期之后以元气为始基的宇宙发生论形成阶段。此时的代表人物为王充（字仲任，公元27～约97年，东汉哲学家）、张衡。王充明确说：“元气未分，浑沌为一”，“及其分离，清者为天，浊者为地”①；“万物之生，皆禀元气”②；“人未生在元气之中，既死复归元气”③。这显然说明，元气在其最初，乃是浑沌为一而尚未分化的一种原始物质，这种物质乃是万物和人皆禀之才得以生和死后又要归之的东西。这也就表明元气即是万物的本原或始基。张衡作为天文学家，他也接受了“元气”说，并试图以元气论来说明宇宙天体及万物的演变，从而使古代的宇宙发生论更带上了科学的色彩。如《灵宪》说：“太素之前，幽清玄静，寂寞冥默，不可为象。厥中惟虚，厥外为无。如是者永久焉，斯谓溟涬，盖乃道之根也。道根既建，自无生有，太素未萌；萌而未兆，并气同色，浑浊不分。故《道志》之言云：‘有物混成，先天地生。’其气体固未可得而形，其迟速固未可得而纪也。如是者又永久焉，斯未庞鸿，盖乃道之干也。道干既育，万物成体，于是元气剖判，刚柔始分，清浊异位。天成于外，地定于内。天体于阳，故圆以动；地体于阴，故平以静。动以行施，静以分化。堙郁构精，时育庶

①王充（东汉）：《论衡·谈天》。
②王充（东汉）：《论衡·言毒》。
③王充（东汉）：《论衡·论死》。

类，斯谓天元，盖乃道之实也。在天成象，在地成形。天有九位，地有九城；天有三辰，地有三形。有象可效，有形可度。情性可殊，旁通感薄，自然相生，莫之能纪。于是人之精者作圣，实始纲纪而经纬之。”[①]这样张衡显然就把宇宙万物的发生与形成，分成了三个阶段，这就是溟涬、庞鸿、天元，他又分别将其看作“道之根”、“道之干”、“道之实”，而这三个阶段都是元气演化的具体表现。至此以元气为始基的朴素唯物主义的宇宙发生论，便具有了古代朴素的科学形式。

从上述关于宇宙元气发生论在我国形成的三个阶段来看，董仲舒与《淮南子》的“元气”说，显然是同处于从“元气”说的提出阶段向第二阶段转化的时期，或者说是刚刚进入了第二阶段的时期，而绝非进入了成熟的阶段。但由此也就可以看到董仲舒的“元气”说在中国古代有关元气的宇宙发生论中的地位了。

其实，关于董仲舒“元气”说的具体内容，可以说很简单，主要有以下的两段话：

> 王正则元气和顺，风雨时，景星现，黄龙下；王不正，则上变天，贼气并见。
>
> 一国之君……布恩施惠，若元气之流皮毛腠理也，百姓皆得其所，若血气和平，形体无所苦也。

从这两段话来看，董仲舒的“元气”说显然是同他的“天人感应”论相联系的；而且其“元气”概念的提出，只是言其于人有益，预示着对人的好兆头，因而是与所谓的“贼气”相反对之气。因而董仲舒在此之“元气”说，显然与后来到东汉才成熟的“元气”说大不相同，它并不具有宇宙万物本体和始基的涵义。

除了上述的“元气”说之外，董仲舒也还有不少关于一般“天气”、“地气”、“阳气”、“阴气”的论述。这些相关的“气”论，

---

①范晔（南朝·宋）《后汉书·天文志》注补引。

似也应属于“元气”说的范畴，但它们实际上又涉及“阴阳”说，所以只能等到下一章论及董仲舒的“阴阳”说时再予详论。

然而，何以有的学者将董仲舒有关“元气”的论述，归之为宇宙本原论呢？最根本的就在于他们抓住了董仲舒的“元者为万物之本”一句话。这就涉及董著中有关“元”概念的涵义及其与“元气”的关系问题；同时还涉及与上面所说“以天为元本”的宇宙观的关系。为此，必须给予正面及全面的回答。也因此，下面我们要用一节的篇幅来阐明其“元”概念的全部涵义，同时也要阐明其“元为万物之本”的本来涵义，及其与他的宇宙论的关系。

二、董仲舒的“元”与“天元”论

董仲舒关于“元”概念的涵义为何？其所说“元为万物之本”又是何意？这些与其以天为元本的宇宙论又是一种怎样的关系？这是必须给予全面回答的。这样我们才能更好、更准确地了解和掌握董仲舒的“天为元本”的宇宙本原论。

关于元的涵义，在上一章谈到天为元本的宇宙论时，就已指出过，董仲舒的“元”概念不仅有“始”意，而且还有“原”、“本”之意。这从《汉书·董仲舒传》的“《春秋》谓一元之意，一者万物之所从始也，元者，辞之所谓大也。谓一元者，视大始而欲正本也”，以及《春秋繁露·重政》篇中的“元者为万物之本”两段话，完全可以表明，此“元”似乎已非为某种具体事物所开始的具体的东西，而是哲学本体论意义下的宇宙万物的本原之意了。为此，有人把“元”释为“元气”，如东汉的何休在其《春秋公羊经传解诂》中，后来唐代的徐彦（即徐遵明，著有《春秋公羊传疏》），以及今人徐复观、李民、金春峰等，便都将“元”释为了“元气”。此外，周桂钿则另辟蹊径，将其释为事物所据以开始的“纯时间概念”。当然，还有我们在前面已论述过的“天元”。

先讲将其释为“元气”说者。东汉的何休在其《春秋公羊经传解诂》中说：“变一为元，元者气也。无形以起，有形以分，造起天地，天地之始也。”唐代的徐彦疏云：“元为气之始……有形与无形皆生于元气而来，故言造起天地，天地之始也。”徐复观在其《两汉思想史》中也说：“在仲舒心目中元年的元，实际是视为元气之元。”至于李民和金春峰的论述，在此就不再详引，请参见李氏发表在《新建设》杂志1962年第12期上的《试论董仲舒的自然观》，与金氏发表在《中国社会科学》1980年第6期上的《董仲舒思想的特点及其历史作用》。这样解释的根据何在？何休当时没有说，而后来的徐彦及众多的今人之说，则多承何休之说。然而，据董著中所见的“元气”说，与其有关“元”的论述，则很难将其两者统一起来。所以在此我们也不应将“元”与“元气”混淆为一，或者将董仲舒看成是一个以元气为始基的宇宙论者；或者将其看成是一个以“元”为本体论的客观唯心主义者。而实际上，他只能是一个以“天”为元本的自然神论者。

再说所谓“纯时间概念”的本体论。周桂钿说：“董仲舒作为宇宙本原的‘元’就是开始的意思，它只是纯时间的概念，不包含任何物质性的内容，似乎也不包含人的意识，只是纯粹的概念。”“宇宙的终极本原是‘元’，因此，董仲舒的宇宙本原论，可以称为‘元一元论’。”[①]诚如前面所述，董仲舒之“元”概念，既有“始”义，又有“本”、“原”义，这确乎似是表明董仲舒之“元”有着哲学本体论意义的宇宙本原义。然而按此意则只能解释前文所引《汉书·董仲舒传》和《春秋繁露·重政》中的几段话，却不能通释董著中所有关于“元”的文句。例如他在《春秋繁露·立元神》中还说：“君人者，国之元。发言动作，万物之枢机。枢机之发，荣辱之端也，失之毫厘，驷不及追。故人君者，谨本慎始。”董仲舒在这里便将“元”释为了万物动作

①周桂钿：《董学探微》，北京师范大学出版社，1989，第38页。

之“枢机”义。所以在这里再把它说成“纯时间的概念”，显然也就不那么纯了。此其一。另外，设想在宇宙万物存在之前，有那么一个“纯时间概念”存在，并且由它派生出了宇宙及万物，这不就有点太将其近代化了？这样的设想在董仲舒生活的时代，恐怕是很难想象的。此其二。再者，在宇宙出现之前，那时尚无人类存在，所谓“时间概念”又从何而来？存于何处？它又如何产生了万物？作这样的设想，恐怕这也是哲学史上所没有的，今天让董仲舒来填补这个空白，恐怕也是难于成立的。

董著中之“元”概念究竟为何意呢？我以为要揭开其“元”的涵义之奥秘，切不可忘记董仲舒对“元年春王正月”的微言大义，而孤立地对其文句中的“元”作望文生义的解释。《汉书·董仲舒传》中的这段话说：

> 臣谨案《春秋》之文，求王道之端，得之于正，正次王，王次春。春者，天之所为也；正者，王之所为也，其意曰，上承天之所为，而下以正其所为，正王道之端云尔……王者欲有所为，宜求其端于天。

这里的关键是王者“上承天之所为，而下以正其所为，正王道之端”。董仲舒在这里显然不是单纯从宇宙本原论上来论述问题的，而是通过天人之际，来探求王道之端，必取法于天，以正万民、理万物的。也正是在这个意义下，他接着说了上面所引的那段话，并紧接着说：“《春秋》深探其本，而反自贵者始。故为人君者，正心以正朝廷，正朝廷以正百官，正百官以正万民，正万民以正四方。”可以看到，《春秋繁露》之《玉英》《王道》《重政》《二端》《立元神》等篇所述之“元”，都与此意相联系。

当然，董仲舒有关“元”的论述还有很多，如他说：

> 《春秋》何贵乎元而言之？元者始也,言本正也。道，王道也；王者，人之始也。王正则元气和顺，风雨

时，景星现，黄龙下；王不正，则上变天，贼气并见。

臣谨案《春秋》谓一元之意，一者万物之所从始也，元者辞之所谓大也。谓一为元者，视大始而欲正本也。①

是以《春秋》变一谓之元，元犹原也，其义以随天地终始也……故元者为万物之本，而人之元在焉。安在乎？乃在乎天地之前。

是故《春秋》之道，以元之深正天之端，以天之端正王之政，以王之政正诸侯之即位，以诸侯之即位正境内之治。

上述几段话中的“元”，虽然其中也具有哲学本体论意义下的宇宙本、原义，但它已不再只是单纯的哲学本体论意义下的本、原义了；而是具有了更为广泛的本、原义，如其所说王道之始，以及“人之始”；又如其所说：“君人者，国之元，发言动作，万物之枢机。”（《春秋繁露·立元神》）这些论说都非常清楚和明白地表明或显示了其“元”之义，绝非仅为哲学本体论意义下的宇宙之本、原义，而是具有了更为广泛的本、原义。

由上述即可得出如下两点明确的结论：

第一，董仲舒所讲“元”的本、原义，并不单纯是哲学本体论的意义。本、原有广义与狭义之分。从哲学本体论上来说的本、原义，属狭义的；此外，还有非哲学本体论意义下的本、原之义，即属广义的本、原之义。在董著之中，可以看到，他一会儿说“元者为万物之本”，一会儿说“元年春王正月”，一会儿说“君人者，国之元”，一会儿又说“人之元”及“天元本”，等等。由此即表明了董著中之“元”，乃是广义的，而非单纯的哲学本体论意义下的本、原。故此，必须从广义的角度，才能通释董著中之“元”；否则，必然曲解董著中“元”的涵义，从而使自己陷入混乱与矛盾之中。

①班固（东汉）：《汉书·董仲舒传》，江苏古籍出版社，2002。

第二，董著中的“元”虽具有本、原之义，但它本身并不具有独立的实体性，它既非精神的东西，亦非物质实体，而是附于某种本、原事物者，如董仲舒所曾讲到的“人之元”、“国之元”、“元年”、“天地之元”、“天元本”、“天元命”、等等。其中之“元”，显然都是分别附属于人、国、年、天、地等事物的，而不能脱离这些具体事物。虽然他曾说过“元者为万物之本”，但从其前后文来看，这显然并非说有一独立实体性的“元”存在。所以，把董著中之“元”，通释为独立自存的“元气”，或释为不知存于何处而立身的“纯时间的概念”，以之作为宇宙万物的本原，从而得出董仲舒为朴素唯物主义的“元气”论者，或是客观唯心主义的“元一元论”者，都是不能成立的。

综合上述董著中有关“元”的全部涵义，即表明“元”虽是其宇宙论中的一个极为重要的概念，并且具有“始”、“本”、“原”之义，但其所云“本”、“原”，却并非单纯的哲学本体论意义下的本、原，而是广义的，且其自身不具有实体性，而是附属于某事物的，这就是董著中“元”概念的性质和涵义。这也从另一方面证明了我们在本原论那一章所全面论述过的“天”为宇宙的元本，表述了其真正宇宙本原论的本质与内涵。而其他以“元气”或“元”概念作为其宇宙本原论的观点，都是错误的，不符合董著的原意。

所以，如果说到董仲舒的宇宙本原论或本原观，那就只能是其既有自然物质性，又有封建人伦性，且还有自然神论性，自身包含有十端的“天元本”。而且，此“天元”的三种属性，不可或缺，即缺一不可，缺一即非为董仲舒的本原之“天”。所以，识别董仲舒的本原之天，必须牢牢把握其“天元”的这三种属性。

先说“天”的“自然物质性”。董仲舒说，“天有十端”。从我们前面谈到的董仲舒之天的“十端”，即天、地、阴、阳、木、火、土、金、水与人来看，此十端全部都是纯粹自然物质性的，且没有掺杂任何其他非物质性的东西。这应是很明显的，而且没有任何的可疑，因而是被大家认可的，故在此不必作过多的解释。

再说“天”的“封建人伦性”。这是董仲舒所赋予“天”的一个特殊属性。在他看来，“天”虽然具有自然物质性，但还有其意志，如其所说：“仁之美者在于天，天，仁也。”他还说：“春，爱志也；夏，乐志也；秋，严志也；冬，哀志也。”又说：“阳为德，阴为刑；刑主杀，而德主生。”这些显然都是人性的表现。另外，在他看来，五行还有相生、相胜之序。而由此“天”产生了宇宙万物，并表现了天的意志和目的。如说：“天之生人也，使之生义与利；利以养其体，义以养其心。”而人“副天数”，“人之为人也本于天，天亦人之曾祖父也。此人之所以上类天也。人之形体，化天数而成；人之血气，化天志而仁；人之德行，化天理而义；人之好恶，化天之暖清；人之喜怒，化天之寒暑；人之受命，化天之四时。”正因此，董仲舒在此基础之上又肯定了天的十端具有君臣、父子、夫妇的伦常关系。这一点我们在前面已有所论述，后面还要进行详论，故在此就不多说了。而由此断定其“天”具有“封建人伦性”亦就无所疑了。

最后，说“天”的“自然神论性”。董仲舒还认为，天与人之间有相互感应发生，由此便产生了其所谓“天”的“灾异”、“谴告”说，以及“奖赏”、“惩伐”之说。而由于其“灾异”、“谴告”以及“奖惩”的实行，也随之产生了董仲舒之“天”的所谓“自然神论性”。从而使其本来是完全没有意志的自然之天，具有了“神圣”的“意志”与“目的”，由此便使其具有了所谓的“神”性。这样，在人民的心目中便产生了对“天”的迷信与敬畏之感，使“天”上升成了无所不能，并操控着人类的生存与命运的“天神”。也因此，其原本是自然的天，变成了高高在上、无所不能，且笼罩着千万人心的、让人们深深迷信的自然之天神。这就是董仲舒所论定的、实际上根本不存在的但自古以来让人们长期陷于迷信而纯属自然的所谓“天神”。我们将其称之为“自然神论”。

上述就是董仲舒有关“元”与“天元”的性质与属性。其实在前面谈到董仲舒的宇宙论时，我们已经对其“天元”作了全面的论述。因为在这里又讲到了“元”的问题，故此我们在这里顺便又对其“天元”的涵义作了全面而简单的综述或总结，由此再一次表明了其作为宇宙本原之“天”的各种属性。

第五章

董仲舒的阴阳说及其『天』论

董仲舒的阴阳说，也是其科学思想之一。而这一科学思想显然是与其作为宇宙的本原之"天"联系在一起的，且是其十端之"天"的二端，与天的运行紧密相关。下面就来对其阴阳说的科学思想及其运行作一较详细的论述。

一、董仲舒的阴阳说

董仲舒"始推阴阳，为儒者宗"，故与阴阳、五行说结下了不解之缘。然而阴阳与五行，原本就是中国古代科学中的重要学科，而且人们都习惯于将二者结合起来，并为一谈。最早将二者结合在一起的是《管子》和邹衍。但是为了行文上的方便，我们还是将其分别加以论述。

关于阴阳说，在《易传》中，八卦的"—"与"--"，分别代表了阳、阴两种卦象，此即人们所说的阳爻和阴爻；《周易》正是据此而生成了四象，并相互组合又产生了八种事物，也就是所谓八卦；而八八再组合，形成了六十四卦，亦即六十四种现象。不过，在《易经》中，"—"与"--"两种符号尚未形成"阳"、"阴"概念。最早见于文字的"阴"、"阳"概念，有两处：一处是《诗·大雅·公刘》："相其阴阳，观其流泉"；另一处是《国语·周语》里伯阳父的一段话："夫天地之气，不失其序；若过其序，民乱之也。阳伏而不能出，阴迫而不能烝，于是有地震。今三川实震，是阳失其所而震阴也。"此后，范蠡、叔兴、梓慎、医和及《管子》中的《四时》《枢言》等，也都用阴阳来解日月与四时的运行，以及大地、山川、陨石等的变化，并以之作为一年四季之风、寒、阳、阴四气中之二气。这些显然都是将阴、阳以之为具体事物的动因者。此外，只有《老子》所说"万物负阴而抱阳，冲气以为和”，才将其提升到了一般事物所具有的共同的矛盾双方，从而具有了普遍的意义。后来《庄子》，特别是《易传》，又进一步发展了阴阳说，使之更加完善与合理。

由先秦进入秦汉，这是阴阳说向各个领域深入和普及的时期。例如，向中医学的深入和普及，向宇宙元气论的普及，等等。关于中医学，主要体现于《黄帝内经》，这在前面已有论述。关于宇宙“元气”说，则主要体现于《淮南子》，例如《淮南子·天文训》论到阴阳在元气形成宇宙万物中的作用时就曾说：“道始于虚霩，虚霩生宇宙，宇宙生气，气有涯垠。清阳者薄靡而为天，重浊者凝滞而为地……天地之袭精为阴阳，阴阳之专精为四时，四时之散精为万物。”“道日规而始于一，一而不生，故分而为阴阳。阴阳合，而万物生。故曰一生二，二生三，三生万物。”又说：“天不发其阴，则万物不生；地不发其阳，则万物不成。”“夏日至，则阴乘阳，是以万物就而死；冬日至，则阳乘阴，是以万物仰而生。”“阴阳相薄，感而为雷，激而为霆，乱而为雾。阳气胜则散而为雨露，阴气胜则凝而为霜雪。毛羽者，飞行之类也，故属阳；介鳞者，蛰伏之类也，故属阴。日者阳之主……月者阴之宗也。”这些就充分说明了阴阳在元气生成万物中的作用，同时也使“元气”说更趋于合理。

董仲舒也就是在这种氛围中，全面而详细地阐发和论述了其阴阳说，从而使之达到了时代的高峰。阴阳作为十端之“天”的二端，这是在前文论述到天的构成时，曾引用过的《春秋繁露·官制象天》和《天地阴阳》中的两段话。为了方便论述问题，现将两段话的意思综合如下：董仲舒认为，天有十端，这就是天、地、阴、阳、木、火、土、金、水与人而十者，各为一端；“凡十端而毕”，此乃“天之数”；“毕之外谓之物”，但万物不在天之数，人则“超然万物之上，而最为天下贵”；“人下长万物，上参天地”。从这两段引文人们可以清楚地看到董仲舒的“天”，以及“天”的“十端”；而阴、阳则仅是作为宇宙本原之“天”的二端。

另外，我们前面在论到宇宙图式时还知道，董仲舒的“天”之“十端”，也并非一开始就同时并存的、初始之本原；而且这“十端”自身也有一个分、列的形成过程，这就是由前文所引用的《春秋繁露·五行相生》中，“天地之气，合而为一，分为阴阳，判为四时，列为五行”这段话所表明的。由此即说明，其十端之“天”的开始，天、地并不是广袤无垠的太空与连绵起伏的山川，而是以天地合一之气的状态存在着，而后才分之为阴、阳。可见，阴阳二气乃是合一的天地之气分化的结果。也就是说，阴阳是天地合一之气的派生物。因而天地是在先的，阴阳二气则是在后的。但是，董仲舒还说：“阳，天气也；阴，地气也。”这又似乎说，阴、阳与天、地二气是一回事，而不能说阴、阳是天、地二气的派生物。那么，“分为阴阳”又是何意呢？董仲舒说：“阴阳虽异，而所资一气也。阳用事，此则气为阳；阴用事，此则气为阴。”也就是说，所谓“分”，即是天地的合一之气，分别“用事”或发挥作用的过程，天用事为阳，地用事为阴。阴阳二气就这样在其用事中呈现出来。

那么何为阴阳？其特性又是怎样的？它们在形成宇宙万物过程中及对人又有着怎样的作用和意义呢？对此，董仲舒并无定义式的规定和说明，而完全是随着天、地与阴、阳的运行，在阐述其对宇宙万物及人的作用中解答的。如说：

> 阳气以正月始出于地，生育养长于上。
>
> 故阳气出于东北，入于西北，发于孟春，毕于孟冬，而物莫不应是。阳始出，物亦始出；阳方盛，物亦方盛；阳初衰，物亦初衰。物随阳而出入，数随阳而终始。
>
> 丈夫虽贱皆为阳，妇人虽贵皆为阴。
>
> 阴阳理，人之法也。阴，刑气也；阳，德气也。阴始于秋，阳始于春。春之为言犹偆偆也，秋之为言犹湫湫

也。偆偆者，喜乐之貌也；湫湫者，忧悲之貌也。

阳气始出东北而南行，就其位也；西转而北入，就其休也。阴气始出东南而北行，亦就其位也；西转而南入，屏其伏也。

天道之常，相反之物也，不得两起，故谓之一。一而不二者，天之行也。阴与阳，相反之物也。

在这些引文中董仲舒显然把阴阳或阴阳二气纳入了一年四季的运行之中，并将出于东北、入于西北、发于孟春、毕于孟冬之气，称之为"阳"或"阳气"；这也就是他在《阴阳位》篇所说"出东北而南行，就其位也"，"西转而北入，就其休也"之气。同时，他又将"始出东南而北行，亦就其位也；西转而南入，屏其伏也"之气，称之为"阴"或"阴气"。并且在《天道无二》篇，将阴、阳看作是相反与相对之物。故此，他将阴、阳比作丈夫与妇人，比作德与刑；并将阴、阳的盛衰与物的盛衰，以及人的喜乐与忧悲相联系。总之，他在这里把凡有益于人、物的养长，及人之所喜乐者，都归之为阳或阳气之性能；而把使人、物衰败，或使人悲忧者，皆归之于阴或阴气之特性。这就是他在《春秋繁露·阳尊阴卑》等篇中，对于何谓阴阳及阴阳二气相对之特性的揭示。

董仲舒对阴阳相反对的规定以及对其相对之特性的揭示，在《春秋繁露·王道通三》篇有着非常广泛而集中的论述，如说：

是故推天地之精，运阴阳之类，以别顺逆之理……恶之属尽为阴；善之属尽为阳。阳为德，阴为刑。刑反德而顺于德，亦权之类也。虽曰权，皆在权成……是故天以阴为权，以阳为经……阳气暖而阴气寒，阳气予而阴气夺，阳气仁而阴气戾，阳气宽而阴气急，阳气爱而阴气恶，阳气生而阴气杀……天之好仁而近，恶类之变而远，大德而小刑之意也，先经而后权，贵阳而贱阴也。

董仲舒在这里显然就非常广泛而集中地揭示了阴阳或阴阳二气在人及人类社会中所经常发生与出现的相反之物或相反对的趋向与质性，如：顺逆、德刑、经权、暖寒、予夺、仁戾、爱恶、生杀、宽急、贵贱等，并将这些分别归之于阳与阴或阳阴二气，前者为阳，后者为阴。

另外，董仲舒在《春秋繁露》的许多篇目中，还从多方面和多角度，对这些阴阳说进行了极为深刻的论述。当然也难免与上面的揭示有所重复。现综合引述如下：

> 礼者，继天地，体阴阳，而慎主客，序尊卑贵贱大小之位，而差内外远近新故之级者也。
>
> 人主南面，以阳为位也。阳贵而阴贱，天之制也。

以上两段话是从“尊卑”、“贵贱”的意义上来讲阳阴的，且认为这是“天之制”。这也就是说，人类社会上之有“尊卑”、“贵贱”，乃是人类社会之自然与必然的现象，因而是动摇和更改不了的。这显然是站在当时社会封建统治者的立场上说话的。为此他又说：

> 天地之常，一阴一阳。阳天之德也，阴天之刑也。
>
> 天之道，出阳为暖以生之，出阴为清以成之。
>
> 王道之三纲，可求于天。天出阳为暖以生之，地出阴为清以成之。不暖不生，不清不成。然而计其多少之分，则暖暑居百，而清寒居一。德才之与刑罚犹此也。故圣人多其爱而少其严，厚其德而简其刑，以此配天。
>
> 好仁恶戾，任德远刑，若阴阳，此之谓能配天……好恶之分，阴阳之理也。喜怒之发，寒暑之比也。官职之事，五行之义也。

这四段话是从“暖清”、“德刑”的意义上讲阳阴的。他认为封建社会的统治者应经常给予普通百姓和人民以更多的关怀和温暖，以示其“好仁恶戾，任德远刑”，以便更好地维持其统治。他还说：

凡物必有和……阴者阳之合，妻者夫之合，子者父之合，臣者君之合。物莫无合，而合各有阴阳。阳兼于阴，阴兼于阳；夫兼于妻，妻兼于夫；父兼于子，子兼于父；君兼于臣，臣兼于君。君臣、父子、夫妇之义，皆取诸阴阳之道。君为阳，臣为阴；父为阳，子为阴；夫为阳，妻为阴。阴道无所独行，其始也不得专起，其终也不得分功，有所兼之义。是故臣兼功于君，子兼功于父，妻兼功于夫，阴兼功于阳，地兼功于天。

故阳益阳而阴益阴，阳阴之气，固可以类相益损也。天有阴阳，人亦有阴阳。天地之阴气起，而人之阴气应之而起；人之阴气起，而天地之阴气亦宜应之而起，其道一也。明于此者，欲致雨，则动阴以起阴；欲止雨，则动阳以起阳。

万物非天不生。独阴不生，独阳不生，阴阳与天地参然后生。

这三段是从阴阳“相兼”与“相益损”的意义上来讲其义的。自然之阴阳二气，与人的阴阳二气是相通的。自然界的阴与阳不可独存或独生，故人亦要阴阳相兼，“与天地参然后生”。所以必须维护阴阳二者的平衡，“天有阴阳，人亦有阴阳”，“独阴不生，独阳不生，阴阳与天地参然后生”。这也就是说，不可令其偏废或偏长。他还说：

故阴阳之动，使人足病，喉痹起……天地之符，阴阳之副，常设于身。身犹天也，数与之相参，故命与之相连。

天将阴雨，人之病故为之先动，是阴相应而起也。天将阴雨，又使人欲睡卧者，阴气也。有忧亦使人卧者，是阴相求也。有喜者，使人不欲卧者，是[阳]（阴）相索也。

上述两条是讲阳阴与人生病和起卧关系的。也就是说，自然界阴阳的变化，人若不能适应，就可能生病；而且，天的阴阳以及人们的喜忧之变（如天有阴雨），也有可能引起人们睡卧的改变。这种变化，乃是阴阳相求或相索的结果。他还说：

> 是故阳行于顺，阴行于逆。逆行而顺，顺行而逆者，阴也。
>
> 男女之法，法阴与阳。阳气起于北方，至南方而盛，盛极而合乎阴。阴气起于中夏，至中冬而盛，盛极而合乎阳。不盛不合。是故十月而壹俱盛，终岁而乃再合。
>
> 天地之阴阳当男女，人之男女当阴阳；阴阳亦可以谓男女，男女亦可以谓阴阳。
>
> 和者，天之正也，阴阳之平也，其气最良。物之所生也，诚择其和者，以为大得天地之泰（奉）也。
>
> 阳者天之宽也，阴者天之急也，中者天之用也，和者天之功也。举天地之道，而美于和……此中和常在乎其身，谓之得天地泰。得天地泰者，其寿引而长；不得天地泰者，其寿伤而短。
>
> 天地之间有阴阳之气常渐人者，若水常渐鱼也。所以异于水者，可见与不可见耳。

上引几条都是讲阳阴与人生关系的。男女之法，也要合乎阴阳；人只有使阴阳“中和”常在于身，人生才能“美于和”，“得天地泰”，才不致引起“寿伤”。因为只有“中和”，阴阳才能相得，而且“其气最良”。

以上所引，均为董著中从多维度与多向度对阴阳说的论述。其所引虽不全，但已足可表明阴阳说在人类社会及相关事物中的应用之广泛与深度。人们可以看到，除开前面所比附过的天地、夫妇（妻）、德刑、贵贱、爱恶、喜忧（怒）、顺逆、暖清等有所重复之外，在这里他又将阴阳分别比附为君臣、父子、男女，并分别以阴阳的多少、高广与中和等涵义，论述了其性能和作用。而且，董仲舒还以阴阳的分合及所处之地位，阐发了人的寿夭、逆顺之理，及对人、物的益弊。由此充分阐明了阴阳对人生与人类社会的重要性。

二、阴阳的运行与董仲舒的“天”论

除开上述关于阴阳的性能与作用外，董仲舒还有大量关于阴阳运行的论述，并与其天的运行紧密相关。另外，在上节我们曾谈到阴、阳“用事”的问题，所谓“用事”，其实也就是阴、阳在运行中发挥作用的问题。这两种说法实际上是一回事。因此阴阳性能作用的发挥与展示，也就完全体现在了其运行之中。

阴阳的运行，与一年四季的变化是完全联系在一起的。确切说，由于阴阳的不断运行，其阴阳所处位置便会不断移易，从而也就逐渐衍生出了一年四季的变化。这种变化，其实也就是阴阳在一年四季不同时段所表现出的不同特点。前文所引天地之气，“分为阴阳，判为四时”，所云正是指此。阴阳的运行何以会形成四时呢？董仲舒说：“天道之常，一阴一阳。”又说：“天之常道，相反之物也，不得两起，故谓之一。一而不二者，天之行也。阴与阳，相反之物也。故或出或入，或右或左；春俱南，秋俱北；夏交于前，冬交于后；并行而不同路，交会而各代理。”这就是说，天之常道，就是“一阴一阳”地运行。而阴阳作为相反之物，是一而不二的；一出一入，或左或右；春俱南行，秋俱北行；中夏相交于前（正南），中冬相交于后（正北）。这样就决定了春、夏、秋、冬四季的变化。应予说明的是，董仲舒在此所说“相反之物”，并非说它们是绝对对立和不能共存的；其所谓“相反之物”，也就是矛盾之物，其矛盾双方是对立的，但又有着同一性。也就是说，它们不是绝对对立与互不相容的。另外，所谓“一而不二”，也不是说阴阳不能同时存在，有阳无阴，或有阴无阳；而是说它们并行而不同路，或一出一入，或一左一右。正是因此，他又指出：“十月阴虽用事，而阴不孤立”；“四月阳虽用事，而阳不独存”；“春夏阳多而阴少，秋冬阳少而阴多”，但其“有多而无溢，有少而无绝”。阴阳就是在这样有规律的运行中，决定了一年春、夏、秋、冬四季的变化；而同时，这也就是董仲舒在《天道无二》篇所说阴阳的“一出一入，一休一伏”，及在《阴阳出入上下》篇所说夏“右阳而左阴”、冬“右阴而左阳”，所表明的阴阳在一年四季所处的地位与变化。

董仲舒在《天道无二》篇还说：“阳之出，常悬于前而任岁事；阴之出，常悬于后而守空虚。阳之休也功已成于上，而伏于下；阴之伏也不得近义，而远其处也。天之任阳不任阴，好德不好刑如是。”这里所说，其实也是有关阴阳用事的问题。何以说天“任阳不任阴，好德不好刑”呢？这又完全与其在一年四季所处位置相关了。如董仲舒说：

> 阳以南方为位，以北方为休；阴以北方为位，以南方为伏。阳至其位而大暑热，阴至其位而大寒冻；阳至其休而入化于地，阴至其伏而避德于下。

他又说：

> 至于仲春之月，阳在正东，阴在正西，谓之春分。春分者，阴阳相半也，故昼夜均而寒暑平。阴日损而随阳，阳日益而鸿，故为暖热。初得大夏，相遇南方，合而为一，谓之日至。
>
> 至于中秋之月，阳在正西，阴在正东，谓之秋分。秋分者，阴阳相半也，故昼夜均而寒暑平。阳日损而随阴，阴日益而鸿。故至于季秋而始霜，至于孟冬而始寒。小雪而物咸，大寒而物毕藏，天地之功终矣。

很显然，这两段话即表明，阳用事，正值春夏，故日渐暖，利于万物之生育养长；而阴用事，则正值秋冬，故天渐寒，而万物随之衰杀而闭藏。所以说天之“任阳不任阴，好德不好刑”，正与此相合。

对于阴阳的运行，当时的一般说法或图式为：阳气起于东北，而终于西南；阴气起于西南，而终于东北。这可以说是最简单易解的一种说法。见图5－1。

但是董仲舒并不取此说，而是另外提出了一种新的运行路线。这个新的运行路线与以往的路线有三大不同点：第一，新的阴气起始点不是始于西南，而是始于东南；第二，阴阳的运行方向与以往也不同，它们是相反而行；第三，他提出阴阳运行有两个合别点，一在北，一在南。董仲舒在《春秋繁露》中关于阴阳运行的主要论述有如下几段：

> 阳气始出东北而南行，就其位也；西转而北入，藏其休也。阴气始东南而北行，亦就其位也；西转而南入，

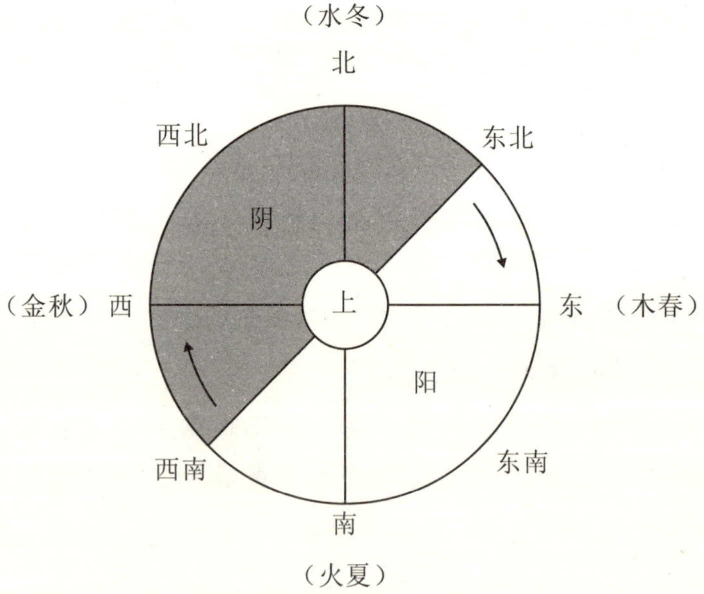

图5－1

屏其伏也。是故阳以南方为位，以北方为休；阴以北方为位，以南方为休。

故北方者，天之所终始也，阴阳之所合别也。冬至之后，阴俯而西入，阳仰而东出，出入之处常相反也。多少调合之适，常相顺也。有多而无溢，有少而无绝。

春出阳而入阴，秋出阴而入阳，夏右阳而左阴，冬右阴而左阳。阴出则阳入，阳入则阴出，阴右则阳左，阴左则阳右。是故春俱南，秋俱北，而不同道。夏交于前，冬交于后，而不同理……天之道，初薄大冬，阴阳各从一方来，而移于后。阴由东方来西，阳由西方来东。至于中冬之月，相遇北方，合而为一，谓之日至。别而相去，阴适右，阳适左。适左者其道顺，适右者其道逆……冬月尽，而阴阳俱南还。阳南还出于寅，阴南还入于戌，此阴阳所始出地入地之见处也。

至于仲春之月，阳在正东，阴在正西，谓之春分。春分者，阴阳相半也故昼夜均而寒暑平。阴日损而随阳，阳日益而鸿，故为暖热。初得大夏之月，相遇南方。合而为一，谓之曰至。别而相去，阳适右，阴适左。适左由下，适右由上……夏月尽，而阴阳俱北还，阳北还而入于申，阴北还而出于辰[1]。此阴阳之始出地入地之见处也。

至于中秋之月，阳在正西，阴在正东，谓之秋分。秋分者，阴阳相半也，故昼夜均而寒暑平。阳日损而随阴，阴日益而鸿。故至于季秋而始霜。至于孟冬而始寒，小雪而物咸成，大寒而物毕藏，天地之功终矣。

①凌曙注：“《尚书·考灵曜》：仲冬，日出于辰入于申。”

对于董仲舒的这些论述，读之并不难懂，但要说清阴阳运行，却并不容易。为了看起来更加明晰，我在以往学者制图的基础上绘制了图5－2。此图简洁易懂，可方便地看明白董仲舒所云一年四季阴阳的运行路线及阴阳终始、合别，与其出地、入地之处。

此图分为明暗两部分，分别表示阳与阴。阳顺时运转，始于寅，入于申；阴逆时运转，始于辰，入于戌。此为阴阳出地入地处。阴阳正是通过这一相反运行，分判为四时。冬至前，阳从西来东，阴由东来西，于冬至合而为一；之后阳适左，阴适右，阳出寅，阴入戌；阴阳又继续南行，阳至正东，阴至正西，阴阳相半，寒暑均平，是为春分；阴阳再南行，阳日鸿，阴日损，到正南方，阴阳相遇，阳到位，阴至休，此为夏至。此后，阳适右，阴适左，俱北还，阳入于申，阴入于辰；继续北行，阳至正西，阴至正东，阴阳相半，寒暑均平，是为秋分；阴阳再继续北行，则阳日损，而阴日鸿，至正北方，阴阳相合，阴到位，阳至

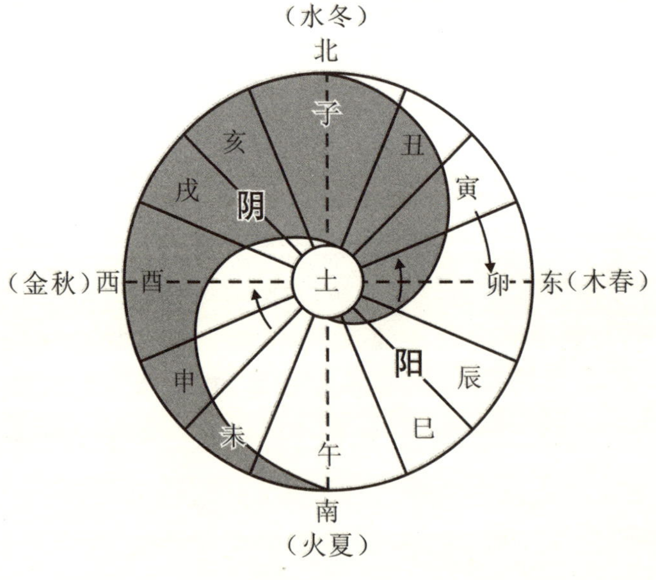

图5－2

休，此为冬至。这就是董仲舒通过阴阳一年运行的轨迹，所揭示出的阴阳的运行与其形成一年四季的关系。

不过，上述都是讲的阴阳正常情况下的运行。董仲舒还讲到，天的阴阳运行，可能会有不常之变，所以天乃“无常于物”者。这又如何去看、如何对待呢？如在《春秋繁露·天道无二》篇，董仲舒就曾说：“天无常于物，而一于时。”对于此种无常之变，董仲舒在《春秋繁露·暖燠孰多》中以历史上出现过的“禹水汤旱”为例，指出：“禹水汤旱，非常经也，适遭世气之变，而阴阳失平。”这就是说，所以会有此“禹水汤旱”的灾害，此乃完全是由各种因素造成的“阴阳失平”而形成的结果。为此，他以《尚书》所讲，因尧死，百姓如丧考妣，于是“四海之内，阏密八音三年”；从而使“阳气厌于阴，阴气大兴”，造成了连年大雨，所以才有了大禹治水之名。正因如此，他还讲：

> 桀，天下之残贼也，汤，天下之盛德也。天下除残贼而得盛德，大善者再，是重阳也，故汤有旱之名。皆适遭世气之变，非禹、汤之过。毋以适遭之变，疑平生之常，则所守不失，则正道益明。

这就是董仲舒对遇有不常之变时，以为所应取之态度和所应走之路——“所守不失，则正道益明”。

上述有关阴阳的运行，显然主要讲的是与自然之天的关系。但事实上，董仲舒的阴阳说，特别是其五行说，又多被赋予很强的封建人伦性，这也体现于阴阳和五行运行或用事的过程中。故而我们还会将阴阳与天地、四时、五行的运列汇总到一起，在第六章予以统一论述。这样更为集中，且避免了重复。

第六章

董仲舒的五行说及其『天』论

董仲舒的五行说，也是其科学思想之一。而且这一科学思想显然也与其作为宇宙本原之“天”联系在一起，且是其十端之“天”的五端，并与天的运行紧密相关。下面就来对其五行说的科学思想及其运列作一详细的论述。

一、董仲舒的五行说

五行说在中国古代的发展，经历了一个从原始朴素的五行说到神秘的“五德终始说”的过程，至董仲舒方才更加成熟。

据传，早期的五行说始于夏、商，这就是《尚书·洪范》所记载的其子向周武王陈述的天帝赐予禹的《洪范九畴》关于五行的内容：“五行：一曰水，二曰火，三曰木，四曰金，五曰土。”其对五行性质的概括为：“水曰润下，火曰炎上，木曰曲直，金曰从革，土爰稼穑。润下作咸，炎上作苦，曲直作酸，从革作辛，稼穑作甘。”此后，春秋时期的史伯在与郑桓公谈及周朝的衰败问题时，亦论到五行：“夫和实生物，同则不继……故先王以土与金、木、水、火杂，以成百物。”此外，《尚书·夏书·甘誓》中亦有所谓“威侮五行，怠弃三正”之说；后来，《左传》也曾提到“五行”的观念。这些可以说都是早期的五行说，也可以叫原始的五行说。此时五行说的特点，主要是其朴素性，尚无附加于其上的神秘性色彩及政治因素。所谓“五行”，也就是人们在长期生活实践中从自然事物中抽象出的五种物质成分，用以制造其所需要的“百物”。但此时尚未赋予它后来才有的“万物本原”的涵义；不过，此时五行内部的相关性，已有触及，如《左传》中说：“火，水妃也。”[①]“水，火之牡也。”[②]“火胜金。”[③]“水胜火。”[④]这实际上就把水与火看作如牝牡、夫妻那样相互匹配的关系，因而是对立面的统一；同时它们又有着水胜火、火胜金的关系，也就是有了五行相生、相胜的思想萌芽。

到了战国时代，阴阳家才开始把阴阳与五行结合起来，并提出了“五德终始说”，以之解释历史朝代的更替。将之结合起来较早的文献，如《管子·四时》篇，它在论述四时之时，不仅论到了阴阳，而且还述及五行，说：“东方曰星，其时曰春，其气曰风，风生木与骨，其德喜盈……南方曰日，其时曰夏，其气曰阳，阳生火与气，其德施舍修乐……中央曰土，土德实辅四时，出入以风雨，节土益力……西方曰辰，其时曰秋，其气曰阴，阴生金与甲，其德忧哀荣、静正、严顺……北方曰月，其时曰冬，其气曰寒，寒生水与血，其德淳越、温怒、周密。”这里显然就把阴阳与四时、五行及五方结合了起来，并且提出了五德。这就为邹衍提出“五德终始说”打下了重要的思想基础。到战国之时，《礼记·月令》对《管子·四时》又有所发展，以五行来解四时的变化：春季是“盛德在木”，夏季是“盛德在火”，秋季是“盛德在金”，冬季是“盛德在水”，夏秋之交为土。

同时，它还以五行相生解释了四时的变化，且与五星的运行联系了起来。邹衍就是在这些思想的基础上提出了其“五德终始说”。邹衍不仅以其“五德终始说”明五种物质之间的关系，更重要的是他用其来解释人类的历史，以人间五帝应天上五帝之德，继起之帝全依五行之序。从此五行之序，便成了论证封建统治者当兴的理论依据。

五行以何为序？历史上一直有两种说法，一为相胜或相克说；

①左丘明：《左传》昭公九年。
②左丘明：《左传》昭公十七年。
③左丘明：《左传》昭公三十一年。
④左丘明：《左传》昭哀公九年。

另一为相生说。《吕氏春秋·应同》篇持“相胜”即“相克”说：黄帝之时，“曰土气胜”，“色尚黄”；禹之时，“曰木气胜”，“色尚青”；汤之时，“曰金气胜”，“色尚白”；文王之时，“曰火气胜”，“色尚赤”；代火者必水，“水气胜”，“色尚黑”。这就是五德终始的相克说。这可以说是古典文献中保留下来的最早和最完整的后者胜前者的“五德终始说”。另一种“五德终始说”，即《淮南子·天文训》中的一段话，为“相生”说：它将五帝与五行、五星、五方、四时相结合，且配以天干——甲乙、丙丁、戊己、庚辛、壬癸，及五兽——苍龙、朱鸟、黄龙、白虎、玄武，五音——角、徵、宫、商、羽。以东方为例，就是：“东方木也，其帝太皞，其佐句芒，执规而治春，其神为岁星，其兽苍龙，其音角，其日甲乙。”与此相类，则亦各有相配属，简单说来即是：南方为夏，则配以火；中央则配以土；西方为秋，配以金；北方为冬，配以水。若以前后顺序来看，五帝与五行等显然均为相生的关系。从上述的关系来看，无论是相胜或是相生的关系，显然都是为着当时的统治者的上台做准备的。具体说，前者强调的是秦继周符合五行相胜说，后者则强调的是汉继秦，符合五行相生说。因而，这两种说法都是为适应自己的需要而设计的。所以，这种学说显然是非科学的，带有极大的神秘性，但在当时是适应统治者需要的。

董仲舒正是以此种阴阳、五行说，来解释新儒学，从而将阴阳、五行说及儒学都推进到了一个新阶段。

从前文所引《春秋繁露·官制象天》与《春秋繁露·天地阴阳》的两段话，可知董仲舒的十端之天，在天地与阴阳四端之后即为木、火、土、金、水五端。此五端何以叫作行并且是五行呢？董仲舒说：“行者，行也。其行不同，故谓之五行。”这就是说，行者，乃运行之义也；而其运行不同，所以叫作五行。所以董仲舒又说：“五行者，五行也。”对于此五行之名，董仲舒又明确说：“天有五行，一曰木，二曰火，三曰土，四曰金，五曰水。”这就是说，其五行分别是木、火、土、金、水也。不过，董仲舒还说：“五行者，五官也。”这也就是说，董仲舒又把其所说五行称作五官。这样他就又将其五行看作五种官能。故此他说：

> 五行之随，各如其序。五行之官，各致其能。是故木居东方而主春气，火居南方而主夏气，金居西方而主秋气，水居北方而主冬气。是故木主生而金主杀，火主暑而水主寒。使人必以其序，官人必以其能，天之数也。土居中央为之天润。

在这里，董仲舒显然把五行与四（或五）时联系到了一起，兼管着四（或五）时，所以也就有了五种官能之说。见图6－1。

从图6－1中可以看到，其五行与方位、四时的具体配属分别是：木配属东方主春，火配属南方主夏，金配属西方主秋，水配属北方主冬，土配属中央主季夏，并兼及其他四季。由此即表明了五行与四时的关系，同时也表明了土在五行中的特殊地位。而五行在这里的次序及地位

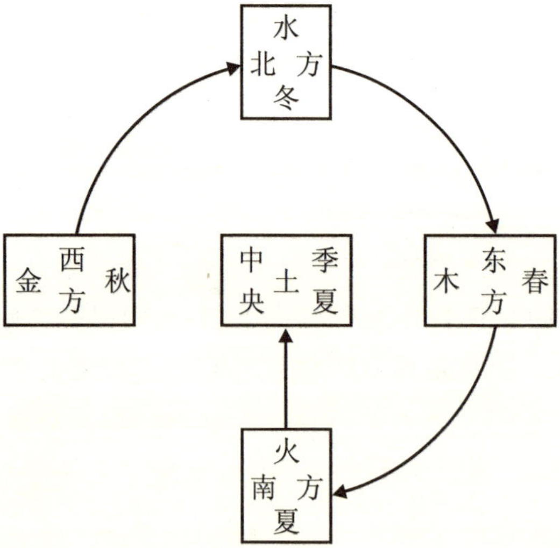

图6－1

是：“木，五行之始也；水，五行之终也；土，五行之中也。”董仲舒称其为“天次之序”。

对于五行之间，除上述的次序及地位关系之外，董仲舒还论述了它们之间存在的“比相生而间相胜”的关系。所谓“比相生”，即或按照董仲舒所说木、火、土、金、水这种“天次之序”，相邻的两者前者生后者，这就是：木生火，火生土，土生金，金生水，而水反回来生木。如此循环相生。所谓“间相胜”，即是按照上述之序，中间隔一个，前者胜后者。具体说就是：木胜土，土胜水，水胜火，火胜金，金胜木，木又反回来胜土，如此循环相胜。见图6－2。

在董仲舒看来，此五行的生、胜关系乃“天次之序”，故其次序不可颠倒淆乱，因而是“逆之则乱，顺之则治”。在他看来，这是关乎自然界和人类社会治乱的大事，不可疏忽。

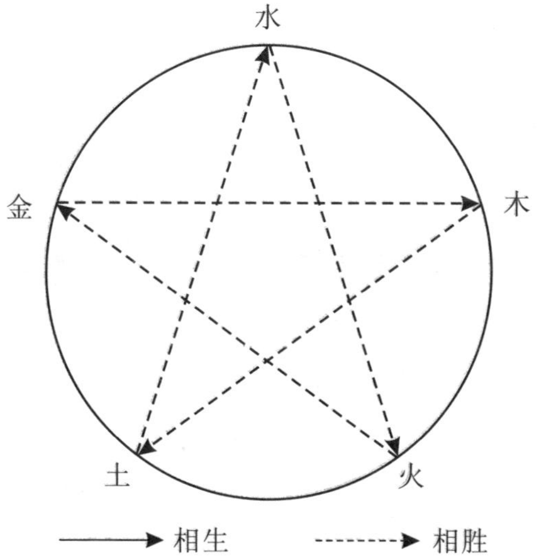

图6－2

从天的构成来看，以上我们讲了十端之天地、阴阳和五行九端，其最后一端即是人。正是此十端之天共同构成了万物之本。而从此十端之天的构成来看，作为一端的“天”，显然是指与地球相对的天空，它包括太空与日、月、星辰；“地”，即是整个地球，主要是指其起伏的山脉与平原大地；“阴”、“阳”，即是天地所蕴含之二气；“五行”，即木、火、土、金、水，此为构成地球之上所存在的万物之物质性元素。由此可见，其十端之“天”，除开人之外，都是非生物性的东西；而除此十端之外，便是宇宙万物了，这其中自然包括人之外的动植物。而由此可见，这个十端之天，包括人，都是物质之自然物，这应是确定无疑的。这就是董仲舒五行说的科学思想。

我们之所以说“天”是自然的，除开上述所说构成之外，其运行规律也是纯粹自然的，既非人的意志，亦非神意的安排。如董仲舒说：

> 天之道，有序而时，有度而节，变而有常，反而有相奉，微而至远，踔而致精，一而少积蓄，广而实，虚而盈。
>
> 天之道，终而复始。故北方者，天之终始也，阴阳之所合别也。冬至之后，阴俯而西入，阳仰而东出，出入之处常相反也。多少调和之适，常相顺也。有多而无溢，有少而无绝；春夏阳多而阴少，秋冬阳少而阴多。多少无常，未尝不分而相散也。以出入相损益，以多少相概济也。

除此之外，我们在前面所引“天之常道，相反之物也，不得两起……”等等，这些都表明，天道是有常规的，而且又都是自然的，既非是人意所指使，亦非是神意的安排。类似于此种的论述还有很多。例如他在《雨雹对》中答鲍敞的“雹为何物也？何气而生之”时，就是以纯粹的自然规律及现象来作解释的。他说：“天地之气，阴阳相半，和气周回，朝夕不息……运动抑扬，更相动薄，则薰蒿歊蒸，而风、雨、云、雾、电、雷、雪、雹生焉。”董仲舒在这些地方显然都是以天道阴阳的自然运行来说明其原因的，而无任何神灵的地位和作用。这就表明了作为宇宙本原的“天”的纯粹自然属性及其自然规律性。

不过，董仲舒以“天”作为宇宙万物的本原，故而“天”在董仲舒的哲学中，居于至尊的地位，也因此人们称之为“天的哲学”，这是有道理的。但是，董仲舒之“天”作为宇宙的本原，一方面，人是天的其他九端与万物的中间环节，天生育养长万物，有赖于人成之；另一方面，天之生养万物，其目的又全是为了人。这就又把人看成了天与万物的中心和目的。从这一点来看，董仲舒哲学的实质则又可称为“人的哲学”。这就是从董仲舒十端之“天”的构成中所透露出的董仲舒哲学的奥秘。

二、五行的运列及其“天”论

董仲舒作为宇宙本原的十端之“天”，除开其自然物质性和自然神论性之外，还有一个极为重要的性质，那就是封建人伦性。而他将天地、阴阳、四时、五行与人，千方百计地组成一个十端之“天”，并将其封建伦常化，归根结底也就在于以之为新兴的西汉封建王朝服务。有些古代科学问题之所以经常与人类社会问题相扭结，其最终的缘由和目的也就在于此。此十端之“天”的封建伦常化问题，虽然超出了古代自然科学的范围，但本身又是董仲舒的天地、阴阳、五行说必不可少的重要组成部分。故而在此也要对他将天地、阴阳、四时、五行的封建伦常化问题放在一起，作必要的论述。

天的自然物质性，是董仲舒所建构的作为宇宙本原之“天”最基础的性质；其自然神论性，是其宇宙本原之“天”的重要形式；而其封建的人伦性，则是其十端之“天”的最终目的和实质。我们之所以称其为

“封建社会人类学的普泛化”，或叫“泛封建社会人类学”，其意主要也是说他把天地、阴阳、四时、五行与人全都封建伦常化了。

董仲舒之成为汉代名儒，除了他熟读经书，善解《春秋》，首倡独尊孔氏之外，还有重要的一条，就是他“首推阴阳”，从而把阴阳、五行说全部纳入儒家学说。这可以说是董氏新儒学独成一家而区别于孔氏儒学的重要特色之一，也是赋予十端之“天”的重要特性之一，甚至可以说是他的十端之“天”最为核心的性质。

董仲舒说：“天道之大者在阴阳。”从前面的论述可知，阴阳作为天的二端，纯属自然现象，而且其运行轨迹完全遵从于自然规律。例如，董仲舒认为阴阳的运行具有如下特点：阴阳运行“终各六月，远近同度而所在异处”。阳出东北而南，阴出东南而北，少阳因木而起，居东方，助春之生；太阳因火而起，居南方，助夏之养；少阴因金而起，居西方，助秋之成；太阴因水而起，居北方，助冬之藏。这样，便出现了两种有意义的情况：第一，物随阳而出入，“阳始出，物亦始出；阳方盛，物亦方盛；阳初衰，物亦初衰。”故此，阳之出“常县于前而任岁事”，阴之出“常县于后守空虚”。由此即表明了天之任阳不任阴。第二，从一年四季，天覆育万物，化生养成来看，“天之道，以三时成生，以一时丧死”。这就表明，阳为主，阴为辅，或叫阳主阴助。应该说，这些都还属于对阴阳运行的客观规律的把握与认识。但是，董仲舒并未就此止步，而是由此进而得出了两条重要的认识：第一条，叫任德远刑；第二条，叫阳尊阴卑，或叫阳贵阴贱。这样他就从自然科学领域涉入人类社会领域。不过，这也表明，其最初之所以论述自然领域的天地、阴阳、四时、五行问题，目的也就在于由此而引申到社会领域，以便服务于当时西汉王朝的封建统治。

现在先看第一条认识，即“任德远刑”。董仲舒说：

> 天道之常，一阴一阳。阳者天之德也，阴者天之刑也。

> 天道之大者在阴阳，阳为德，阴为刑；刑主杀而德主生……以此见天之任德不任刑也。[①]

> 阴与阳，相反之物也……阳之出常县于前而任岁事；阴之出，常县于后而守空虚……天之任阳不任阴，好德不好刑如是。故阳出而前，阴出而后，尊德而卑刑之心见矣。

这些话表明，在董仲舒看来，天之道是一阴一阳地运行，由此造成了植物的一岁一枯荣。但这种自然现象同时也表明了天所具有的“德”与“刑”两种社会功能；但其生育养长主要是靠了阳的作用，阴则只是“稍取之以为助”，这就表明了“天”的“任阳不任阴”、“好德不好刑”的情感和意志。

而“天”通过阴阳之行所表现出的这种好德不好刑的情感意志，也就是董仲舒所常说的仁美之意。如他说：

> 仁之美者在于天。天，仁也。天覆育万物，既化而生之，有养而成之，事功无已，终而复始。

> 天常以爱利为意，以养长为事，春秋冬夏皆其用也……天有寒有暑，喜怒哀乐之发，与清暖寒暑其实一贯也。喜气为暖而当春，怒气为清而当秋，乐气为太阳而当夏，哀气为太阴而当冬。四气者，天与人所共有也……春气爱，秋气严，夏气乐，冬气哀。爱气以生物，严气以成功，乐气以养生，哀气以丧终，天之志也。

类似于此的说法还有很多。例如他在《天辨在人》中还说：“春爱志也，夏乐志也，秋严志也，冬哀志也。故爱而有严，乐而有哀，四时之则也……天无喜气，亦何以暖而春生育？天无怒气，亦何以清而秋

---

①班固（东汉）：《汉书·董仲舒传》，江苏古籍出版社，2002。

就杀？天无乐气，亦何以竦阳而夏养长？天无哀气，亦何以激阴而冬闭藏。”这些显然都说明，在董仲舒看来，天是常以爱利为意，以养长万物为事的。天的这种仁爱之心，表现于四季之变：春喜，秋怒，夏乐，冬哀。喜气爱生，乐气主养，秋气就杀，冬气闭藏。此春夏秋冬之喜乐怒哀之四志，不独在人，亦在于天，为天人所共有也。

在董仲舒看来，天与人所共有的这种情感意志，也像随天运行那样，是有规律可循的。如他说：“天道大数，相反之物也，不得俱出，阴阳是也。春出阳而入阴，秋出阴而入阳；夏右阳而左阴，冬右阴而左阳……此之谓天意。”这也就是说，在董仲舒看来，阴阳的出入、上下、左右交相代理，这种有规律的运行也是天的意志表现。这种意志也就是前面所说喜怒哀乐与德刑之志。对于这种意志，他有时又称为和、德、平、威。如说：

> 天有和有德，有平有威，有相受之意，有为政之理，不可不审也。春者，天之和也；夏者，天之德也；秋者，天之平也；冬者，天之威也。天之序，必先和然后发德，必先平然后发威；此可以见不和不可以发庆赏之德，不平不可发刑罚之威；又可以见德生于和，威生于平也。不和无德，不平无威，天之道也。

这些就足以表明，董仲舒的天道阴阳与五行的运行变化，看似纯属自然的运行规律，同时也是天的一种意志表现，是天的德、刑、仁、美之意及喜、怒、哀、乐、和、德、平、威之志。

再来看董仲舒的第二条认识：“阳尊阴卑”或“阳贵阴贱”。这显然是从“阳主阴辅”和“阴为阳之助”所引出的人伦关系。董仲舒说：“天之志，常置阴空处，稍取之以为助。故刑者德之辅，阴者阳之助也。阳者岁之主也，天下之昆虫随阳而出入，天下之草木随阳而生落，天下之三王随阳而改正，天下之尊卑随阳而序位。”可见，在董仲舒看来，阴阳在它们的属性之外，不仅具有类似于人的情感意志，而且还具有封建社会中人伦的上下、尊卑、贵贱的关系。而这个关系也就是依照阳主阴助、阳贵阴贱、阳尊阴卑的关系来确定的。为此，董仲舒明确提出：

> 幼者居阳之所少，老者居阳之所老，贵者居阳之所盛，贱者当阳之所衰。藏者言其不得当阳。而[不]当阳者臣子也，当阳者君父是也。故人主南面，以阳为位也。阳贵阴贱，天之制也。

由此即表明，在董仲舒那里，阴、阳本身就具有封建社会的君臣之间所有的主从、贵贱、尊卑的关系。当然不止如此，他还说：“君臣、父子、夫妇之义，皆于诸阴阳之道，君为阳，臣为阴；父为阳，子为阴；夫为阳，妇为阴。”在这里董仲舒显然把阴阳的关系同封建社会的主要人伦关系都作了相比类的观照。

既然阴阳具有封建社会的人伦关系，那么由阴阳运行所形成的四时，自然也就同样具有人伦之间的关系，这就没有什么奇怪的了。例如董仲舒说：“春主生，夏主长，季夏主养，秋主收，冬主藏。藏，冬之所成也。是故父之所生，其子长之，父之所长，其子养之；父之所养，其子成之。诸父所为，其子皆奉承而续行之，不敢不致如父之意，尽为人之道也。”在这里，董仲舒就把春与夏，夏与季夏，季夏与秋，秋与冬，都看作为了封建社会父子之间的关系。既如此，故而其间相次，必然是“诸父所为，其子皆奉承而续行之”。

五行之间的关系与四时之间的关系基本相同。上文所说四季之间的父子关系，就是在同五行比照解释《孝经》的“夫孝，天之经，地之义”时提出的。董仲舒说：

> 天有五行，木火土金水是也。木生火，火生土，土生金，金生水。水为冬，金为秋，土为季夏，火为夏，木为春。春主生……由此观之，父授之，子受之，乃天之道也。故曰夫孝者，天之经也，此之谓也。

天有五行，一曰木，二曰火，三曰土，四曰金，五曰水。木，五行之始也；水，五行之终也；土，五行之中也。此其天次之序也。木生火，火生土，土生金，金生水，水生木，此其父子也。木居左，金居右，火居前，水居后，土居中央，此其父子之序，相受而布。是故木受水，而火受木，土受火，金受土，水受金也。诸授之者，皆其父也；受之者，皆其子也。常因其父，以使其子，天之道也。

这里说得非常清楚：木、火、土、金、水的五行之序，乃为前者生后者的父子之序，亦即为授受之序。其授者为父，而受之者为子，这也是天之道。前后之序既是父子关系，故而其间也就有孝道存焉。所以说："孝者，天之经也。"

当然，在五行之间，不仅存有孝道，而且还有君臣之义。如董仲舒在解释何为地之义时即云：

地出云为雨，起气为风。风雨者，地之所为，地不敢有其功名，必上之于天命，若从天命者，故曰天风天雨也，莫曰地风地雨也。勤劳在地，名一归于天，非至有义，其孰能行此？故下事上，如地事天也，可谓大忠矣。

木已生而火养之，金已死而[水]（木）藏之；火乐木而养以阳，水克金而增以阴。土之事天竭其忠。故曰五行者，乃孝子忠臣之行也。

这些就表明，天地及五行都具有父子和君臣之间的伦常关系。故而必须以忠孝来维系他们之间的关系。父生，子养；父授，子受。君待臣以义，臣事君以忠。为此，董仲舒特别推崇土德和地义。他说："土者，火之子也。五行莫贵于土……忠臣之义，孝子之行，取之于土。"

他又说："地卑其位而上其气，受其死而献其生，成其事而归其功。卑其位所以事天也，上其气所以养阳也，暴其形所以为忠也，著其情所以为信也，受其死所以藏终也，献其生所以助明也，成其事所以助化也，归其功所以致义也。为人臣者其法取象于地。"这些论述显然就表明在天地及五行之间，有着父子和君臣的名分和关系。

当然，天地与阴阳之间，也还有夫妻或夫妇的关系。如其在《春秋繁露·阳尊阴卑》篇说：

> 《春秋》之于昏礼也，达宋公而不达纪侯之母。纪侯之母宜称而不达。宋公不宜称而达，达阳而不达阴，以天道制之也。丈夫虽贱皆为阳，妇人虽贵皆为阴。阴之中亦相为阴，阳之中亦相为阳。诸在上者皆为其下阳，诸在下者各为其上阴。阴犹沈也，何名何有？皆并于一阳，昌力而辞功。

这里就充分表明了阴阳的夫妻或夫妇之义。这种夫妇之义，正如下地之"出云起雨"，却命之曰："天雨。"所以说："土若地，义之至也。"天地、阴阳的夫妇之义，即如此。

上述就足以表明，天地之行，阴阳之分，四时之运，五行之列，使天地、阴阳、四时、五行均含蕴了人与人类社会的情感和意志，以及封建社会的君臣、父子、夫妇的伦常关系。这种关系就如其所说："是故《春秋》君不名恶，臣不名善；善皆归于君，恶皆归于臣。臣之义，比于地。故为人臣者，视地之事天也；为人子者，视土之事火也……不敢与天分功美，孝之至也。是故孝子之行，忠臣之义，皆法于地也。地事天也，犹下之事上也。"这就是董仲舒所阐述的天地、阴阳、五行间的关系。

第七章

董仲舒自然观在中国古代科学史上的历史地位

第七章 董仲舒自然观在中国古代科学史上的历史地位

在人类社会已经跨入21世纪的现代，董仲舒有关自然之天和元气、阴阳、五行的知识，还能称得上是科学吗？以现代人已有的知识来看，这些确乎不能算是科学了，而只能算是一种“自然观”。但是，正如一加一等于二，在现代人的眼里，也算不上什么科学一样；然而，若将其放到结绳记事的古代，则其就成了当时最先进的数学计算科学了。所以，在董仲舒生活的年代，他所探索的天的构成和元气、阴阳、五行的学说，毫无疑问应是属于当时科学的范畴。但是，为了更确切起见，我们现在可以将其称为“古代的科学思想”，这应该是没有问题的。当然，我们将其称为“董仲舒自然观”，这也应该是合乎今天人们的知识水平的。

不过，在以往的科技思想史上，很少能给予董仲舒重要的历史地位，甚至完全相反，而将其列入阻碍科学发展的行列，以致说他提出了“天人感应的神学目的论”，因而是一个“反动的思想家”。这种说法在以往的哲学教科书和自然科学史著作中，可以说比比皆是。例如，除开前言所引《中国科学技术史稿》之外，仓孝和的《自然科学史简编》也说董仲舒的“天人感应”论“把儒家学说神学化，在新的基础上恢复了‘天命论’”[①]。在当时流行的哲学教科书中，有的明确把“‘天不变，道亦不变’的形而上学的神学世界观”作为一节中的一个小标题[②]；有的则将“董仲舒的‘天人感应’神学目的论和‘天不变，道亦不变’的形而上学”[③]作为一节的标题，展开批判。而于首奎在其为《中国古代著名哲学家评传》所撰写的《董仲舒》中，则分别将“‘天

---

① 仓孝和：《自然科学史简编》，北京出版社，1988，第179页。

② 任继愈主编：《中国哲学史简编》，人民出版社，1973，第197页。

③ 杨荣国主编：《简明中国哲学史》，人民出版社。1973，第106页。

人感应’的神学目的论”和“‘天不变，道亦不变’的形而上学思想”[①]列作两节，进行了批判。然而，这显然是以往哲学史和科学史书中的一大错误。对此，在本书这样的一本小册子里，我们不可能作详细的论述，而只能作一简略的说明。我们之所以说其为一大错误，理由主要有以下三条：

第一，董仲舒生活于西汉的前中期，主要是西汉宣、文与武帝时期。这时也正是中国封建社会刚刚建立的前期，董仲舒的学说完全是为这个正在上升与进步的社会服务的，怎么能把这样的学说的提出者说成是反动思想家呢？

第二，董仲舒提出的“独尊儒术”，经汉武帝批准，使儒学上升为封建社会的主导思想地位，并在中国古代社会统治达两千多年之久。其中虽然也确有某种神学思想，但它终归不是独尊神学，甚至相反使中国的古代社会避免了如西方上帝之神的黑暗统治。这又怎么能将其思想和学说归结为如西方那样的“正宗神学”呢？

第三，关于“天人感应”的问题。这确乎是董仲舒儒学中的一个重要问题。但是儒学作为一个学说，在不同的时代，都打上了其所处时代的烙印。“天人感应”可以说就是董仲舒为其儒学所打上的一个重要印记。但对于董仲舒的“天人感应”如何看？在以往的哲学与自然科学的教科书中，都是将其与正宗神学联系在一起的，而我的看法不同，具体说也有以下三点理由：

1.董仲舒的“天人感应”之“天”不再是殷周时代超自然的、全知全能的上帝之神，而是以自然之天为基础的“自然神论”之“天”。

2.殷周和先秦的“天命”论强调的都是上天的意志，即所谓的“天命”；而董仲舒“天人感应”强调的是人事，即人的德政行为所致。

3.董仲舒的“天人感应”论与殷周及先秦的“天命”论，在天与

①于首奎《董仲舒》，载方立天、于首奎编：《中国古代著名哲学家评传》第二卷，1980，第15、21页。

人之间的相互关系上，还具有某种质的区别。这种区别是：在殷周与先秦的“天命”论下，“天”是高高在上的，它与人之间是命令与服从的关系；而在其“天人感应”之下，天与人之间不再有上帝之神纯粹发布命令的事了，而是两者之间通过“物类相召”式的相互感应，来发生作用。

对董仲舒的错误批判，显然是没有将“天人感应”论与“天命”论二者区别开来，而是将其等同起来，并加以批判。这样做就更谈不上认识董仲舒“天人感应”思想相比“天命论”的进步性了。本书与以往的教科书不同，是将两者区别开来，并得出了董仲舒是一个进步思想家的结论。故而对他所提出的元气及阴阳、五行的自然科学思想作了必要的论述，并肯定其对当时的社会与生产的发展，起到了促进的作用。而且以为，他有关阴阳、五行的科学思想，属于基础性的学科，因而对中国古代科学的发展，应该说是起着更为长远和基础性的推动作用。联系董仲舒对汉武帝提出的“独尊儒术”与实行“更化”的建议，以及其在构建新儒学体系上的巨大成就，可以更确切地说，董仲舒在中国历史上应该是一个确确实实的提倡改革的进步思想家，而且真正综合了先秦诸子，并开一代经学之风的儒学及《公羊春秋》大师，是“天人合一”说在中国发展史上的中间环节。董仲舒提出的“合偶”形态的辩证法，则堪称中国“合二而一”辩证法的先驱。这就是董仲舒在中国古代自然科学史与古代社会思想发展史上的重要历史地位。

2011年10月初稿

2013年7月定稿

参考文献

[1] 冯友兰.中国哲学史[M].北京：商务印书馆，1935.

[2] 皮尔丹.科学史及其与哲学和宗教的关系[M].北京：商务印书馆，1975.

[3] 杨荣国.简明中国哲学史[M].北京：人民出版社，1973.

[4] 任继愈.中国哲学史简编[M].北京：人民出版社，1973.

[5] 于首奎.董仲舒[A].见：方立天，于首奎.中国古代著名哲学家评传续编二[M].济南：齐鲁书社，1982.

[6] [英]斯蒂芬·F·梅森.自然科学史[M].上海：上海译文出版社，1980.

[7] 杜石然等.中国科学技术史稿[M].北京：科学出版社，1982.

[8] 肖箑父，李锦全.中国哲学史[M].北京：人民出版社，1982.

[9] 任继愈.中国哲学发展史[M].北京：人民出版社，1983.

[10] 仓孝和.自然科学史简编[M].北京：北京出版社，1988.

[11] 金春峰.汉代思想史[M].北京：中国社会科学出版社，1987.

[12] 周桂钿.董学探微[M].北京：北京师范大学出版社，1989.

[13] 王永祥.董仲舒评传[M].南京：南京大学出版社，1995.

索　　引

(按汉语拼音顺序排列)

索引作者：万妮霞

A

B

C

D

F

G

H

J

K

L

M

N

P

Q

S

T

W

X

Y

Z

自然国学丛书第一辑

定价：30元

定价：25元

定价：30元

定价：25元

定价：20元

定价：25元

定价：20元

定价：25元

定价：25元

■ 自然国学丛书第二辑

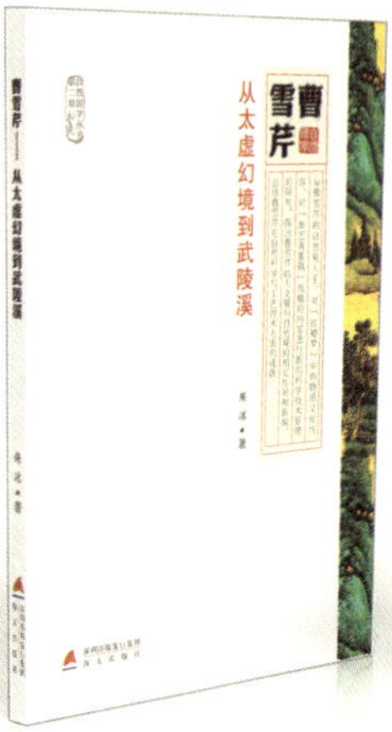

定价：36元

定价：32元

定价：26元

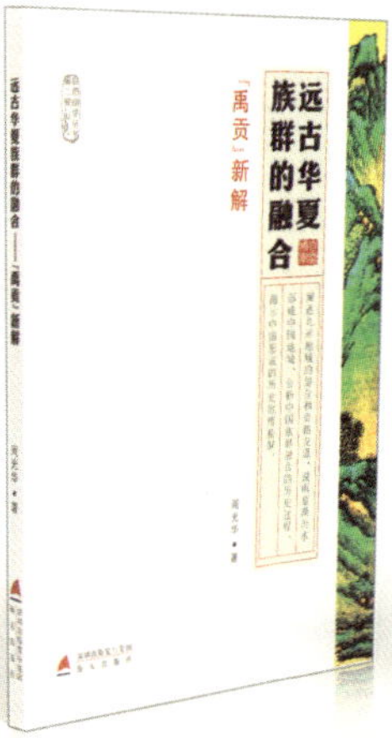

定价：28元

定价：26元

定价：28元

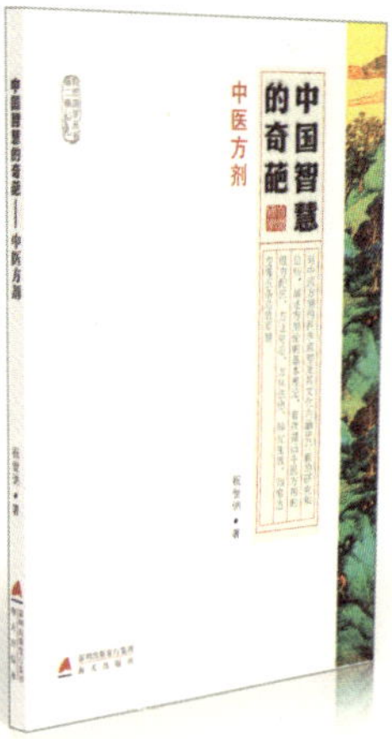

定价：26元

■ 自然国学丛书第三辑

定价：26元

定价：32元

定价：28元

定价：30元

定价：28元

定价：30元

定价：26元

定价：26元